图解 **精益制造** *038*

工业4.0之
机器人与智能生产

日本日经制造编辑部　著

张源 王言 杨文 石露　译

人民东方出版传媒
People's Oriental Publishing & Media

东方出版社
The Oriental Press

图书在版编目（CIP）数据

工业 4.0 之机器人与智能生产 / 日本日经制造编辑部 著；张源等 译 . —北京：
东方出版社，2016.9
（精益制造；038）
ISBN 978-7-5060-9220-3

Ⅰ . ①工… Ⅱ . ①日… ②张… Ⅲ . ①机器人—应用—工业生产—研究
②工业生产—智能控制—研究 Ⅳ . ① F406.2

中国版本图书馆 CIP 数据核字（2016）第 227628 号

精益制造 038：工业 4.0 之机器人与智能生产
（ JING YI ZHI ZAO 038:GONG YE 4.0 ZHI JIQIREN YU ZHINENGSHENGCHAN ）

作　　者：日本日经制造编辑部
译　　者：张 源 王 言 杨 文 石 露
责任编辑：崔雁行 高琛倩
出　　版：东方出版社
发　　行：人民东方出版传媒有限公司
地　　址：北京市东城区东四十条 113 号
邮政编码：100007
印　　刷：北京楠萍印刷有限公司
版　　次：2016 年 10 月第 1 版
印　　次：2016 年 10 月第 1 次印刷
印　　数：1—6000 册
开　　本：880 毫米 ×1230 毫米　1/32
印　　张：6.875
字　　数：137 千字
书　　号：ISBN 978-7-5060-9220-3
定　　价：38.00 元
发行电话：（010）85924663　85924644　85924641

版权所有，违者必究　本书观点并不代表本社立场
如有印装质量问题，请拨打电话：（010）85924602　85924603

目录

01 机器人在工厂的应用

丰田高冈工厂投入与人协作的机器人 ························· 003

三菱电机挑战组装工程的自动化 ······························· 006

三菱电机提高机器人的组装能力

　弯弯曲曲的电缆也可以处理 ·································· 013

对散装零件进行排列整理的机器人 ··························· 020

三菱电机用机器人对散装部件进行排列

　开发出应对变种变量生产的系统 ·························· 027

02 机器人技术飞出工厂

机器人技术飞出工厂

（在护理、医疗、农业等领域不断成长）⋯⋯⋯⋯⋯⋯035

帮助解决内视镜手术课题的机器人

大学创业公司使其实用化⋯⋯⋯⋯⋯⋯⋯105

SECOM 公司开发出世界首台空中防盗机器人

可自主从上空监视可疑人员⋯⋯⋯⋯⋯⋯⋯108

具备适应不同状况能力的新型"ASIMO"

看到人的动作后改变自身的动作⋯⋯⋯⋯⋯⋯114

TAKUBO 工程

用壁挂机器人进行旋转式涂装在业界掀起风潮⋯⋯⋯122

03 核电站事故后的援助工作

将机器人投入到处理核辐射事故的工作中 ··················· 133

用陆续出现的核电事故机器人能否推进事故后的恢复工作

　四足步行型机器人在投入使用后出现问题 ··············· 139

在全日本范围内开发核电站机器人

　提高在现场的实践能力 ····································· 144

04 安全性规格

为实现实用化，要保证生活辅助机器人的安全性

　国际规格将在 2013 年春季前后公布 ····················· 151

05 在新兴国家的发展

爱普生将产业领域集中到核心业务

"新兴国家对机器人的需求很高"·······························159

06 智能生产

在 TSUBAMEX 的加工现场，用 iPad 在

实物旁立刻呈现出三维模型·····························165

使用平板电脑终端或音声系统辅助现场作业···············171

Factory2014 开幕，互联网和大数据改变工厂 ············186

极致的无人化生产线倾向，进一步加速工厂的自动化···192

01 机器人在工厂的应用

丰田高冈工厂投入与人协作的机器人

▶ 魅力篇 "设计、制造解决方案展（DMS 展）" 现场报告

在经济产业省举行的第四届机器人大奖赛中，获得最高奖项——经济大臣奖的是丰田汽车高冈工厂为备用轮胎的装载开发的"安全、舒适的与人协作的80W低功率驱动节能机器人"（图1）[①]。

图1 获得第四届机器人大奖赛经济大臣奖的用于堆放备用轮胎的机器人

丰田汽车称之为"搭载备胎的自动机器人"，2010年开始在高冈工厂投入使用。

---

① 奖项由丰田汽车、Ochiai Nexus、名古屋工业大学、首都大学东京共同获得。

低功率发动机就可以给其提供工作时所必需的动能，其安全的设计，使作业人员即使在工作时靠近机器人，作业的危险性也很低。

此款机器人在劳动安全卫生规则上符合适用于小型机器人以外的规定（1983年日本劳动省告示第51号）。在法规上，工厂没有用栅栏等把机器人与作业人员隔离的义务。根据此规定，凡是发动机功率低于80W的机器人，都被认为是可以与人一起工作的。

为实现虽然是低功率也可以完成20kg左右的向上搬运工作，把此款机器人自身的升降臂通过弹簧和链条被吊起，设置了一个"自重补偿机"（图2）。由于此装置与升降臂的角度无关，只需支撑其自身重量，所以发动机的功率几乎可以全部用在工作所需上。如果功率为80W，在没有损耗的情况下，理论上可以将质量为30kg的物体以0.25m/s的速度移动。通常情况下，升降臂自身的移动就需要发动机输出功率的70%—90%，有了自重补偿机，这部分的功率就可以得到节约[①]。

而且此款机器人在与作业人员发生接触时，为让作业人员能够推开升降臂，引进了削弱升降臂阻力的"无传感器灵活调节力量"装置。用判定从发电机的负荷电流到施加在升降臂上的外力的方法，检测机器人与作业人员的接触，就不用担心像依赖传感器时会产生死角这样的问题发生。

熟知机械安全的明治大学教授向殿政男提到："这是一个将机器人的可能性放大的研究，与欧美相比也很独特的研究。"他

---

① 实际上，用相当于工作时所用的一半的力就可以将多余的部分举起，发动机的输出功率得到了更为有效的利用。使用与升降臂并行的连接装置，保持姿势不变，然后将水平回旋的动作与升降轴的动作完全分离。

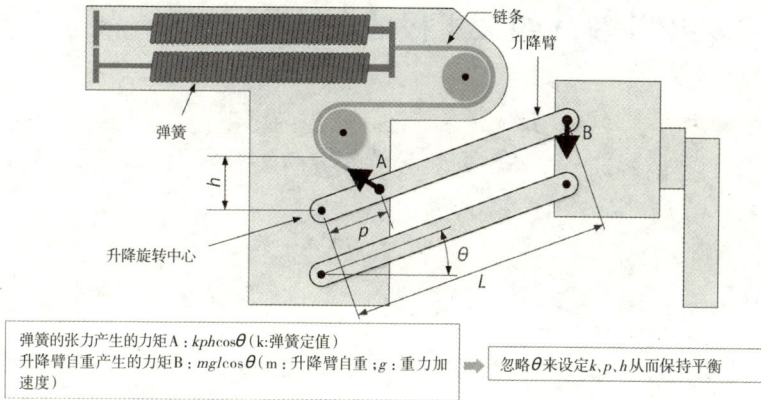

弹簧的张力产生的力矩A：$kph\cos\theta$（k:弹簧定值）
升降臂自重产生的力矩B：$mgl\cos\theta$（m:升降臂自重；g:重力加速度）

➡ 忽略θ来设定k、p、h从而保持平衡

图2 自重补偿机概要
    通过弹簧和链条将水平方向的升降臂吊起，为使因自重产生的力矩和弹簧产生的力矩平衡，要设定弹簧的定值和吊起的位置。

还指出，欧美也在进行可以与人近距离接触的机器人的研究，但是他们采用的是高功率的通常模式与低功率两种模式，在作业人员接近时必须将机器人设定为低功率模式。而"获奖机器人本身就是低功率模式的设计，就安全程度来说，设计水平更高"。

三菱电机挑战组装工程的自动化

　　三菱电机在福山制造所的用于配线的断路器工厂中，导入了使用机器人的自动组装生产线（图3）。通过这样的自动化，提高了所有组装工程的生产能力和生产效率，强化了其作为向国内外输出的供给据点的作用。

图3　配线用断路器的组装生产线
　　（a）是制造开关机构组件的机器人单元；（b）是安装该组件、可动元件、门闩的自动化生产线。

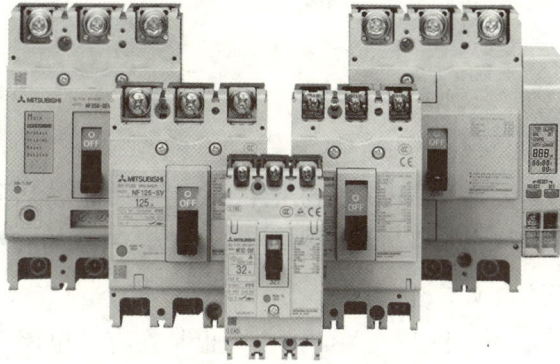

图 4 "WS-V" 系列

用于检测电气回路的异常电流和漏电现象，防止配线和机器的异常过热／烧损。用于工厂等的控制盘和配电盘。

公司于 2010 年 1 月发售了用新生产线制造的 "WS-V" 系列（图 4）。该系列是以预先组装工程的自动化为前提进行的设计。2010 年时一直都是通过手工进行制造的，2011 年 1 月开始转向了自动化生产线。与此同时，该公司投资约 50 亿日元引入了 85 台机器人。

▶ 组件结构复杂

　　断路器主要由①开关机构组件，②可动元件，③门闩构成。断路器的组装工程大概就是造出①后，以①—③为底座把零件安装到壳体内（图5）。

　　①是手动操作开或关的地方，也是在有过电流经过时自动切断接点的机构，因此它是断路器中最重要的组件。②是接受①的动作之后活动的接头（接头数量与断路器中可连接的配线数相同）。③是将①的动作传达给多个②的机构。

　　实际上，一直以来①—③的组装工程都是可以实现自动化的，但制造重要组件①时是不能够自动化的，因为其结构复杂。

　　采用机器人的自动化组装工程是"将单纯形状的零件向同一方向一个个进行重叠是最理想的"，福山制造所生产系统推进部生产技术科长妹尾彰说。但是，开关组件上存在多个"U"字型零件，因为不得不从多个方向对其进行安装，所以很难实现自动化。

　　如此一来，因为制造开关组件的工程需要人工操作，所以一直以来都是委托给其他企业。因此，制造开关组件的生产周期（从将零部件交给委托的企业，到委托的企业将组件返回给该公司的时间）基本上占据了整个生产周期。具体来说，整体的生产周期如果为5天，制造开关组件的生产周期将是4天。

　　另一方面，因为对顾客是进行当天发货，所以必须用有库

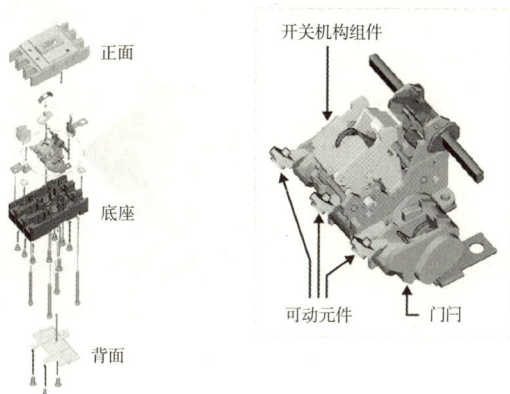

图5　断路器的构造
　　开关机构组件在断路器中承担着重要机能，因为有很多复杂形状的零件，实现组装工程的自动化很难。

存的产品和半成品弥补因生产周期耽误的时间。要想提高工厂的生产性，在致力于改善开关组件的组装工程的同时，必须实现同工程的自动化。

▶ 对整体进行最佳的设计

"WS-V"系列改变了开关机构组件的一部分零件的形状，采用了自动化设计。具体是将复杂形状的零件分割成单一的形状，使组装工程的自动化成为可能。一般来说，零件的分工越细致越容易实现自动化，但是"除满足性能和强度比较难以外，单个零件的成本也会增加"，妹尾说。所以满足要求性能、通过自动化实现成本削减的效果越大，就越要分割零部件。

而且，多个机种通过共用分割后的零部件，可以削减成本。"设计者对组装工程的自动化进行讨论后，认为不应该针对各个机种进行分别设计，而应该对系列整体进行最合适的设计，大家对此也达成了一致的共识"，妹尾说。

据此，由两台垂直六轴的机器人构成的机器人单元就可以组装开关机构组件了。将开关机构组件的零件（共 13 个）置于托盘上，供给给机器人单元即可。对托盘的零部件配置和供给，是由人工来完成的，除此之外的工程全部都是由机器人来执行。通过自动化，开关机构组件的组装时间减少了 30—40 秒、缩短至手工操作的 1/3，而且节省了 40% 的人力、空间。福山制造所已经开始着手于智能计量表[①] 等新事业，因自动化节省的人力资源正好可以投入到新事业中。

---

① 智能计量表：具有通信功能等高级功能的电动计量表。有效地供给、利用电力及再生能源，扮演着重要的角色。

▶ 日本的典型案例

妹尾说，公司为解决组装工程的自动化课题，将设计和生产技术融为一体进行了研究。由此，连与自动化无直接关系的部分的设计也得到了改善。"以前，生产技术基本上原封不动地接受设计者画出来的图纸"，如果设计中无用的部分也被留下，即使实现自动化，自动化的效果也不明显。

因此，该公司实施了与工程削减密切相关的设计变更。例如，在将可动元件安装进门闩的工程中，以往都是将可动元件压进门闩中，将可动元件上带的弹簧边缘挂在可动元件上固定起来。而在新产品上，重新审视弹簧边缘和门闩的设计后，改良成将可动元件安装在门闩上后，可动元件自动挂在门闩上的构造。

此次福山制造所采用通过机器人对自动化进行挑战的举措，使得日本工厂的生产性晋升到世界顶级水平。该公司是三菱电器断路器的主要生产基地，生产面向国内外的产品。该公司在国内市场所占份额高达50%，远超其他公司，该制造所在弥补了高昂的人事费的同时，还确保了生产性。该公司在中国大连建设了断路器工厂，大连工厂生产的产品主要是面向中国的一些小型产品，所以产量不如福山制造所那么多。关于今后的计划，该制造所所长吉永徹说："目前主要还是以福山制造所为主力。"

但是，今后中国、印度、东南亚国家等对低价产品的需求会增加，发达国家市场对价格的要求也会越来越苛刻，所以有必要进一步提高生产性。此次实现的自动化是将设计 / 生产技术 / 制造融为一个整体的结果。这样的成果不仅是三菱电器，可以说是日本企业全体的模范案例。

三菱电机提高机器人的组装能力
弯弯曲曲的电缆也可以处理

　　三菱电机开发了多轴机器人的组装系统原型，该系统可以分类像电缆一样弯弯曲曲、形状不固定的柔软物，也可以插入这些柔软物前端的连接器[①]。两台六轴机器人中，配置了可迅速识别柔软物的三维传感器、正确识别连接器/弹簧插入状态的力量传感器等该公司独自开发的零部件，用与以往相同的人力、与单元生产相同的时间完成组装。

[①] 依据新能源/产业技术综合开发机构（NEDO）的"战略尖端机器人关键技术开发项目"，由名古屋大学、北海道大学、富山县立大学共同实施。

▶ 用于单元生产时的课题

　　不仅是日本，在人事费高涨的海外生产据点也是一样，从削减成本这一观点来看，生产工程的自动化也很重要。三菱电机已经在福山制造所的配线用断路器的组装生产线上导入了机器人。在设计方面就考虑用机器人进行组装、扩大机器人的适用范围，以大幅度地缩短生产周期。

　　另一方面，为应对由少品种大量生产到多品种少量生产，甚至到变种变量生产的这样的商品生命周期的变化，对于生产品种的切换比较容易的单元生产方式可以发挥效果。但是，考虑到人工作业时产生的偏差以及劳动人口的减少，单元生产也更需要由机器人实现自动化[①]。

　　但是，关于用于单元生产的机器人，需要解决的问题也很多。比如，机器人很难处理散装部件的供应和柔软物，伴随生产机种的切换，机器人动作程序的设定也需花费时间，还有机器人应对突发事件（错误）的能力不强等。

　　该公司为解决这些课题，对机器人生产系统进行了开发。该公司与京都大学共同开发有关散置部件的挑选技术等，还挑战了柔软物品的操作。

――――――――――

　　① 特别是电机电子领域的组装中，因为电缆的组装和连接器的插入这样的作业较多，难以推进机器人的自动化。

▶ 在第二阶段组装电缆

开发这次的原型时，用电缆连接基板后，用螺丝固定，在这一工序上，安装了用于发动机的放大器（图6）。再具体一点就是，首先将散装电缆进行分类整理，预先将一侧的连接器插入到一个固定好的基板上。然后，将第二个基板固定到第一个基板上，插入另一侧的连接器。最后盖上外盖，就完成了螺丝固定工序。

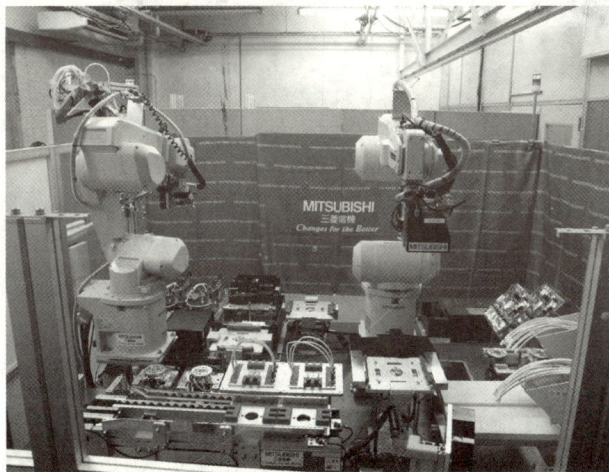

图6　处理柔软物的机器人单元生产系统
　　右侧的机器人A进行电缆的整理和临时放置（组装到夹具），左侧的机器人B将连接器插入基板以及固定螺丝。

这个组装工程分担到两台多轴机器人上进行操作（图7）。第一台机器人（以下称机器人A）将零散的电缆进行分类整理，在装备台上安装夹具（临时放置）。第二台机器人（以下称机器人B），恢复被安装在夹具上的电缆并将其插入基板的连接器。基板和外盖上螺丝的插入、连接也都是由机器人B来担当。基板、外盖、夹具的移动由两台机器人共同承担。

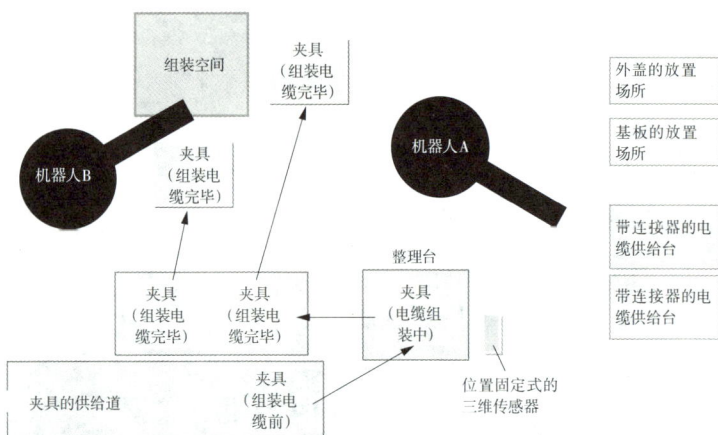

图7　单元生产系统的配置

在机器人A的顶端、装备台旁边设置了三维传感器，用照相机拍摄近红外线光来识别三维形状①。组装作业时，首先用机器人A的三维传感器识别零散状态的电缆，用机器人A的手抓住稍微与连接器分离的部分（图8）。然后，为确认机器人抓住

———————————

① 位置精度1mm、有分解能为0.5mm的性能、识别时间缩短到1秒以内。此外，为了安装到机器人的顶端，传感器本体的容积要小型、轻量化到300ml、重量约500g。

连接器（朝向等）的状态，将连接器部分拿到位置固定式的三维传感器的前面进行确认。基于确认到的信息，调整连接器的方向并安装到夹具上。

将连接器的一侧安装到夹具上后，划过电缆探寻另一侧的连接器，用固定位置传感器确认连接器的朝向后将其安装到夹具上。这样，无论电缆怎样弯曲也能准确探寻到连接器的位置。

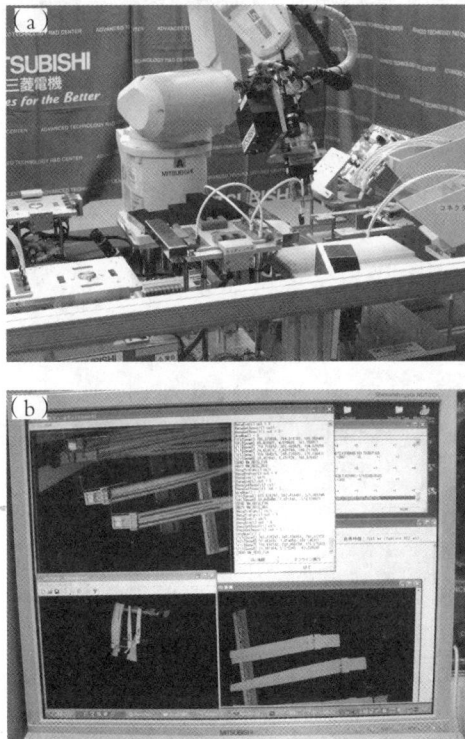

图8　机器人A的运作

（a）是机器人正握着电缆，要将其组装到夹具上。（b）基于从三维传感器得到的信息，将零散状态的传感器进行分类。然后，握住一侧的传感器并将其组装到夹具上。之后，轻轻地握住电缆，移动机器人的顶端，再握住另一侧的传感器。

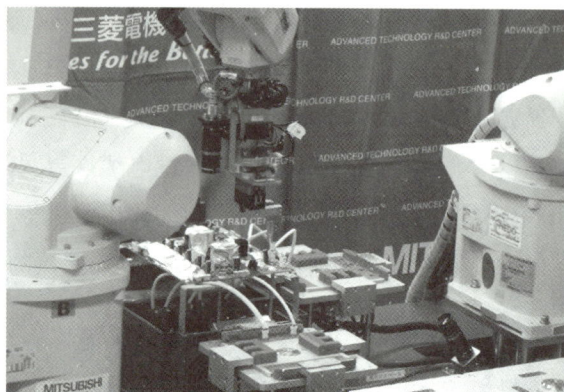

图 9 机器人 B 的运作

　　将电缆的连接器插入基板。插入传感器和固定螺丝时，利用从力量传感器得到的信息，实现对错误的识别和自动恢复。

　　机器人 B 是将夹具上的电缆安装到基板上（图 9）。为了用夹具确认连接器的位置和朝向，机器人 B 会直接抓住连接器。在连接器实际的插入动作开始前，也就是仅在空间移动的时候将速度高速化等，为了缩短作业时间采用了切换控制参数的方法。

▶ 可以自动恢复

像前面所述的课题中列举的那样，机器人应对不可预测的事态的能力提高了。机器人有辨别在分类整理电缆时的掉落、插入连接器和螺丝时的失误等自动恢复的功能。通过应用从各个三维传感器和力量传感器得到的信息，实现提升长时间自动运转的工作效率的目的[①]。

例如，插入连接器时的反作用力如果过大，很有可能发生微妙的错位。这时，机器人会基于从传感器获得的信息探究正确的插入位置，然后再次插入。插入螺丝时也一样，机器人能够检测螺丝和孔的位置、插入方向的偏差、螺丝的丢失（持握失败）等。

通过这次的原型机，能够确认用其组装所需的时间和用人工进行单元生产是一样的。今后，该公司计划将组合了三维传感器、力量传感器的控制技术等作为组件制品进行实用化。

[①] 力量传感器使用的不是应变仪而是光传感器，该公司为其设计了构造，还实现了低成本化。

对散装零件进行排列整理的机器人

日本国内制造商正在谋求怎样灵活地应对生产量的变动和提高生产率。作为其应对措施，机器人的活用被认为是最有效的方式。通过变更机器人程序，可以在某种程度上灵活地改变零件和产品。

人工的单元化生产也是一样，有应对各种零件和产品的灵活性。然而，正如在雷曼事件发生时我们所看到的，生产量有巨大变动的时候，人员的重新配置会变得很有必要，伴随而来的对人员的再教育也需要花费时间，这成了一个重要课题。若将单元生产机器人化，在解决这一课题的基础上，也有望通过自动化实现生产品质的稳定和生产率的提高。

▶ 缩短供给零件的时间成为课题

将单元生产机器人化时出现的一个课题是，怎样将零件集装箱中无规则的散装零件尽快供给给组装工程。零件供给的机器人化的相关技术开发至今也没有什么进展。实际上，零件供给装置能够在每 1—2.5 秒实现一次零件供给，而以前的机器人系统则需要 7—15 秒（表 1）。

应用零件供给装置时的难点是必须给每种零件都配备独立装置，以及不能适用于复杂形状的零件。三菱电机尖端技术综合研究所所长田中健一提到，处理"像三维形状那样的外形有凸起的零件"是很困难的。

因此，如果是复杂形状的零件，无论是使用机器人还是依靠以前的人工模式，都存在这样的缺陷：即用以往的机器人系

表 1　零件供给方法的比较

零件供给方法	可否应对不同形状的零件		运行周期	系统成本	零件变更时的应对措施
	单一形状	复杂形状			
零件供给装置	每种零件都配备了相应的装置	不能应对	1—2.5 秒	根据件数，成比例	每种零件需要 2 个月进行硬件开发
手工作业	各种形状都能应对		约 3 秒	与件数无关，恒定	作业手册的变更
旧型机器人系统	可以应对	不可应对	7—15 秒	与件数无关，恒定	每种零件需要 1 个月进行软件开发

在新开发的机器人系统中，作业时不是零件形状和姿势在零散状态的话，将其放置到平展的作业台上后进行操作。这样，可将零散零件的捡出程序通用化，零件变更时也可以在半天内完成程序的变更。《日经制造》基于三菱电机的资料制作了此表。

统，像上述那样每一个零件的供给时间（动作周期）会变长。在零散的状态下时，因为零件有可能会朝向各个方向，在确认零件的位置和姿势的时候，计算量较大，会花费大量的时间。顺便提一下，人工的动作周期大约是 3 秒。

▶ 由多个机器人分担任务

　　三菱电机开发出了将零散的零件整理到零件箱的机器人系统（图10）[1]。设想其在小型电气机器、化妆品、药品等的生产现场中的应用，通过在程序上下功夫，实现将运作周期缩短到原来的一半以内，即3秒（最快情况下）。

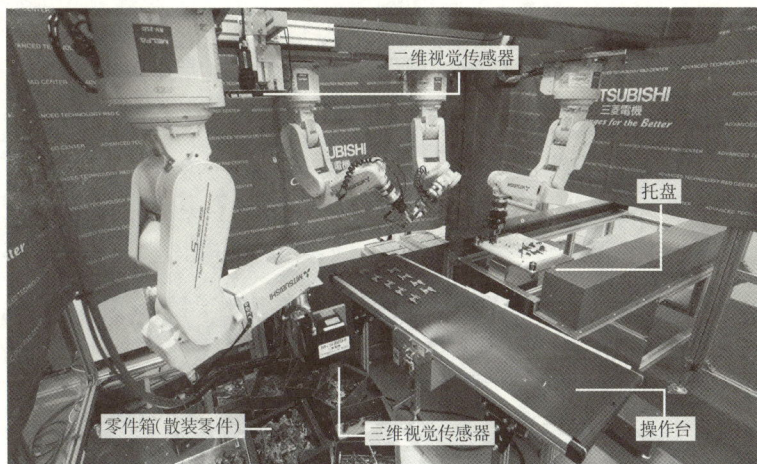

图10　三菱机电开发的将零散零件整理到托盘上的机器人系统

　　从左到右并排有四台机器人。第一台机器人上配有三维视觉传感器，第二台机器人配有二维视觉传感器。第一台机器人负责对零散的零件进行挑拣，第二台机器人负责确认零件姿势。第三台机器人和第四台机器人负责将零件进行翻转。

---

　　[1] 受新能源／产业技术综合开发机构（NEDO）的委托进行了开发。

机器人的运作周期并不逊色于人工的运作周期，即使变换了零件，机器人也能够通过变更程序来进行应对（所需时间约为半天）。而且，还可以应对零件供给装置难处理的复杂形状零件的情况。关于零件供给装置，如果所处理的零件发生变化，就需要进行改造夹具等的硬件开发工作，每个零件需要约两个月的时间。

该公司开发的机器人系统由四台垂直多关节型机器人、一台三维视觉传感器、一台二维视觉传感器、操作台、托盘组成。第一台机器人上安装有三维视觉传感器，从零散的零件中一个一个地挑出零件，然后将它们放置在平展的操作台上。第二台机器人上配备有二维视觉传感器，在确认了放置在操作台上的零件的姿势后将其抓起。

如果是普通零件，则由第二台机器人对托盘上的零件进行排列；如果是复杂的零件，不仅需要操作台上零件的姿势符合

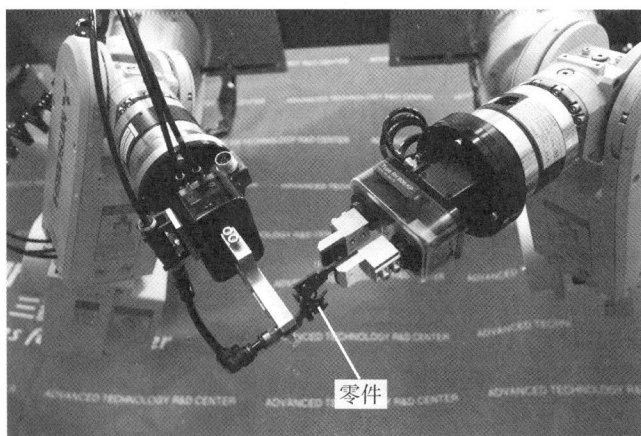

图 11　机器人之间在接受并传递零件、调整零件姿势
第二台机器人向第三台机器人递送零件的时候，会进行零件的翻转。

要求，还需要机器人对零件进行翻转处理。为此，第二台机器人负责把零件传递给第三台机器人，同时调整零件到符合要求的姿势（图11）。接着再传递给第四台机器人，然后对托盘上的零件进行整理排列。

最大的技术攻破点并不是对不同形状和姿势的零件进行整理，而是要通过它们放置在平展的操作台上的状态来进行识别。

▶ 在平展的操作台上规定好零件的姿势

从识别的观点来说，第一台机器人从散装零件中找出向上突起的零件，并决定其持握位置。用两台小型照相机，利用从视差角度描绘出三维画像的三维视觉传感器，识别高度方向距离最小的凸起部分。

进一步，确认其周围是否留有持握零件的空间，决定零件和持握位置。然后机器人会抓起该零件，将其放置到平展的操作台上。因为零件的姿势会被操作台的平面限制，所以容易对零件的形状和姿势进行识别。

负责进行识别的是搭载在第二台机器人上的二维视觉传感器。根据传感器识别出的零件的影像，推算出零件的形状和姿势。

今后，三菱电机将会把该机器人系统导入到 FA 事业本部的热过载继电器（大型继电器）的组装现场，对系统的可靠性进行确认[①]。此外，在将该机器人系统中的重要技术三维视觉传感器商品化的 2012 年计划中指出，不排除把这次开发的软件的一部分作为该传感器的中间设备进行提供的可能性。

此系统的硬件使用了四台机器人，成本（除去三维视觉传感器）约为 1000 万日元。在该公司的估算中，需要进行排列的零件种类如果超过十个以上，与使用零件供给装置的零件供给系统相比，引进的系统在成本上更有利。

---

① 对能否长期运作、初期能力能否持续发挥等的可靠性进行确认。

三菱电机用机器人对散装部件进行排列
开发出应对变种变量生产的系统

考虑到物流成本，金属板部件、树脂成型部件、螺丝这样低价格的小型通用部件，接受个别包装方式的供给是很困难的。一般的供给方式是单个装袋，这也成为在组装工序中应对散装部件的困难之处。

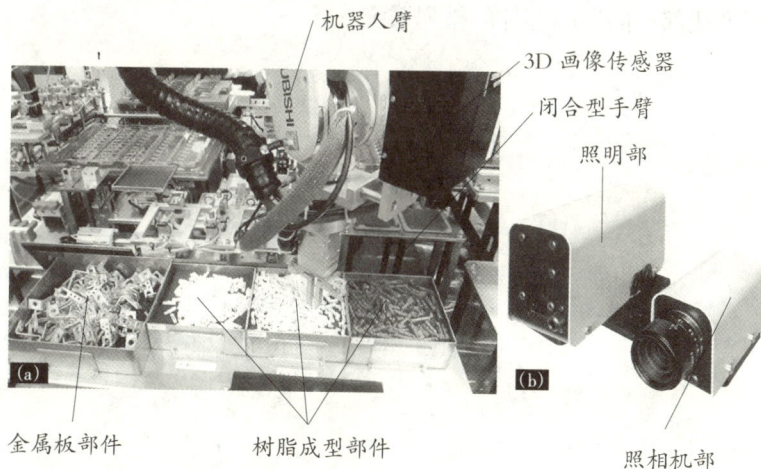

图12　第一台机器人将零散部件自动取出

（a）安装在机器人胳膊顶部的画像传感器自动识别多个部件（该情况下是四种）的把持位置，机器人根据信息将部件取出。数 mm—10cm 的小型部件也可以应对。（b）是 3D 画像传感器的外观。（a）中所使用的都是还处在开发中的物品，与已经商品化的物品的外观不同。

但如果是面向大量生产的产品，用专用的部件供给装置能够实现部件供给的自动化。如果是面向特殊品，则可以通过人工进行应对。变种变量的产品生产时是最棘手的。每次产品切换时都需要高额的部件供给装置费用，从费用方面来考虑的话这是不现实的。"最终还是会变成人工操作。如何应对变种变量生产方面的散装部件是一个很大的课题。"（三菱电机名古屋制造所机器人制造部负责人奥田晴久）

该公司面对变种变量这一课题，推进了将散装部件自动取出并对其进行排列的系统的开发。在 2013 年 2 月，发售了作为该系统的核心组件的 3D 画像传感器（以下称 3D 传感器）"MELFA-3D Vision"（图 12），将其与通用机器人进行组合的话，就可以将节拍时间最短缩短至 3 秒，并能够构筑起灵活处理不同形状部件的散装部件的排列系统。

▶ 忽略部件的形状和姿势

标准的散装部件的排列系统，由 3D 传感器、两台三菱电机的垂直多关节型机器人 "MELFA"、2D 画像传感器构成。实际上，将 3D 传感器和机器人组合起来的散装部件的排列系统，并不是由该公司初次进行实用化的系统。虽然多个系统已经在市场上有销售，但都没有得到普及。其原因是："它们在识别部件的形状和姿势时需要大量的计算，节拍时间会多花 7—15 秒。"奥田说。

而三菱电机开发的系统的节拍时间，做到了位置计算误差最小 0.3mm，间隔时间最短 3 秒。这个之所以得到实现，是因为该公司开发出了 "无模式识别" 这一新的识别技术。目前的系统，都是对 3D-CAD 的部件形状数据和由 3D 传感器测定出的部件的形状、姿势的数据进行对照，选择出最容易取出的部件。这个过程会产生庞大的计算量。

对此，三菱电机开发出了无模式识别，在取出部件的过程中忽略部件的形状和姿势[1]。两台中的第一台机器人上安装的 3D 传感器，仅用来测定成为散装部件的部件各部分的高度，即到传感器的距离（图 13）。（1）离传感器的距离很近；（2）有能够插入到机器人闭合型手的空间，把持住凸起部分的可能性较高。机器人在综合考虑过这两个条件后决定取出的部件。

---

① 三菱电机销售的系统，除无模式识别外，还搭载有以前的识别方式。在选择以前的方式的情况下，系统会基于形状和姿势选出部件。

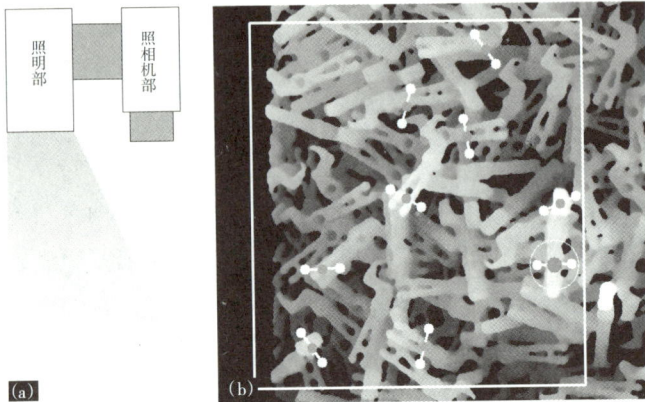

图 13　用 3D 画像传感器对部件的把持部位进行指定

（a）利用照明部和照相机部的不同，用三角测量法（模板照明型）对距离进行测定。（b）在测定结果的画面中，距离越近越能够准确地被表示出来。（b）中用○●○标记的部分是候补部位，中间的黄色小圆圈的地方是第一候补位置。

　　第一台机器人，从散装部件中取出一个部件放置到平面操作台上。因为部件被放到平面上后的姿势是被限制的，在它上面设置的 2D 画像传感器会测量部件的轮廓，然后在控制计算量的同时把持部件的姿势和形状。第二台机器人将部件夹上去后把其排列到操作台上。

　　因为 3D 传感器相机的头部重量是 0.9kg，所以也可以被安装到可搬运重量为 2kg 的小型机器人上面。3D 传感器和第一台机器人在取出部件的阶段，因为不需要把持部件的形状和姿势，所以在追加其他部件时，在设定上基本不用花任何工夫。

▶ **在热过载继电器生产上的活用**

三菱电机将散装部件的排列系统运用到了变种变量的热过载继电器的生产上，目前正在推进准备工作（图14）。热过载继电器是将树脂成型部件和金属板部件、螺丝、容器进行组装后制造出来的。

目前，一个批次大概生产20—80个，一天生产1—10个批次的热过载继电器的组装要依靠单元生产。这时，对于散装部件，需要一边进行人工作业，一边进行组装操作。然而，"近年来，很难确保掌握了优秀技术的技术人员，如何维持品质的稳定性成为一个需解决的课题"。（奥田）

图14　活用零散部件的排列系统的热过载继电器
热过载继电器是一种在电流流经时检测温度上升，然后切断开关的装置。由各种各样的产业机器组装而成。

为了减轻操作人员的负担，该公司商讨要导入部件供给装置，但是因为所涉及的商品种类特别多，每个部件都配备供给装置是不现实的。但是，以这次发售的 3D 传感器为中心的散装部件排列系统，因为仅用一个系统就能应对各种小型部件，所以初期投资得到了控制。热过载继电器的生产计划是对 11 种 16 个散装部件进行排列。

3D 传感器的标准价格是 298 万日元（含税），加上机器人等的价格后，上述的标准系统的价格共计是 730 多万日元。因为能够缩短人工操作时间，所以初期投资约在 1—2 年就可以收回成本。

02 机器人技术飞出工厂

机器人技术飞出工厂
（在护理、医疗、农业等领域不断成长）

少子老龄化是一个巨大的商机。制造业以外的产业对机器人也有合理化的需求。

提到机器人，目前为止主要是在工厂生产现场使用的产业用机器人，以护理、医疗、农业，生活辅助、办公室辅助、灾害辅助等新领域为对象的机器人（新领域机器人）的开发和研究也盛行起来。而且，值得一提的是，不仅是传统机器人制造商，汽车制造商、电机制造商及零件制造商等不同行业的企业也都在挑战机器人的研究和开发工作。

实现新领域机器人的开发，不仅需要目前在产业用机器人上积累的经验，更需要新技术。例如，不给机器人周边的人增加负担或不给他们造成伤害的技术等。这就给了一直与机器人开发技术无缘的技术人员一个大显身手的机会。

下面将给大家介绍在新领域机器人的实际开发过程中，寻求怎样的技术，以及机器人和其主要零件的开发案例。

▶ 以活跃在工厂外为目标的机器人们

社会福利

导盲犬机器人（日本精工）

对视力有障碍的人进行引导。有引导人避开障碍物，提醒人台阶有落差、出现路口等功能。

生活辅助

服务机器人（安川电机）

在家庭等环境中代替人们去做各种各样的事情。为了灵活地应对不同的需求，对机器人的手、胳膊、头、移动结构等进行了组件化，可以进行替换。

灾害辅助

作业臂机器人（本田）

操作原子能发电设备高处所置的灯泡的开关。在不稳定环境下也可进行作业，在狭窄的场所也可以避开障碍物进行作业。

农业

采摘草莓机器人（生研中心／涩谷精机）

夜间也可以对 60%—65% 的草莓进行自动采摘。搭载了正确判断可否进行采摘的果实位置的技术，并具有无需触碰到果实部分也可将完整的草莓一颗颗摘下来（切断、拿住）的构造。

护理

换扶／移动护理机器人（丰田汽车）

例如帮助需要护理的人员从床移动到轮椅上。可最大限度地不给患者带去痛苦，还能减轻护理工作人员的负担。

医疗

医院内搬运机器人（松下）

在医院内运送药品、送检标本。可根据目的地自行选择路线，并能够感知医院内特有的凸出物，避开人和障碍物进行移动。

旨在工厂之外的环境大显身手的机器人陆续登场。

丰田汽车在 2011 年 11 月 1 日发布了四款可在医院、护理现场工作的机器人。一周后本田公开了可操作原子能发电设备等灯泡开关的机器人样机。

这种开发和研究新领域机器人趋势的兴起在同年 9 月召开的"2011 国际机器人展览"上也被充分地显现。日本精工的导盲犬机器人、安川电机面向家庭开发的服务机器人、松下的医院内搬运机器人等都被悉数展出。机器人开始活跃在医疗、农业、家庭、办公室及灾害现场等产业用途外的各种领域，让人印象深刻。

▶ 明天也很想要

机器人的应用范围飞跃出工厂的原因主要有两个。随着少子老龄化进程等加快，制造业以外的产业领域对机器人的需求也在合理地发展。

在少子老龄化的群体中，如果从日本 65 岁以上的老年人比例来看，2011 年虽然仅为 23.4%，但这个数字在 2020 年将会达到 29.2%，2030 年将达到 31.8%，2050 年将达到 39.6%[①]。而儿童的数量则在减少。受少子老龄化影响，"2015 年—2020 年，护理工作现场的劳动力将变得愈发不足"，丰田汽车伙伴机器人部高木宗谷这样认为。

特别是对在护理现场工作的机器人及为老年人提供生活帮助的机器人的需求比较多。前者可以减轻护理人员的工作负担，后者可以帮助老年人做家务、购物，辅助他们进行生活自理。

另一方面，机器人在制造业以外的产业领域的合理化同少子老龄化一样，也是个急需解决的课题。虽然有向邮政、零售、银行等行业导入丰田生产方式思维的先例，但制造业以外的产业领域的合理化却没有进展。

松下想到了要在这一点上衍生出新的机器人技术。于是他们提出了"用机器人全面辅助医院工作的构想"，首先从使在医院应用机器人合理化入手。"在以技术强国为目标的日本，机器

---

① 根据日本国立社会保障人口问题研究所的"日本未来人口的推测"（2006 年 12 月）计算得出。

人技术的应用主要集中在制造业。但是，在对医院内可以自主进行搬运的机器人的开发、实验中，更加肯定了在制造业以外机器人技术也可以被广泛应用的这个想法。今后，我们必须要着眼于所有产业领域。"松下机器人事业推进中心商品开发总干事北野幸彦兴致勃勃地说道。

▶ 对于之前与机器人无缘的厂商也将是一个机会

但是，产业用机器人技术未必就能原封不动地被应用在新领域机器人上，需要开发新的技术。

尤其是对于在护理、医疗、家庭、办公室等环境中工作的机器人来说，因为周围有人的存在，为避免机器人在移动时与人发生碰撞及万一发生碰撞时要避免给人造成伤害，技术支持是必不可少的。例如，本田开发的为顾客引路的新型"ASIMO"就可以预测顾客的行动（pp.43，Ⅱ-⑧⑨），添加了对选择迂回路线（同Ⅱ-⑩）、改变行进方向、提升速度等动作进行适度切换的技术。

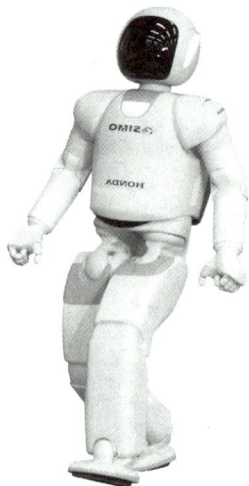

图 15　本田开发的新型"ASIMO"

除了这样处处以人为本的技术外，对与工厂不同的环境进行应对的技术也十分必要。这给之前与机器人无缘的厂商带来了参与的机会。

开发出"ASIMO"的本田正在创造像 pp.42—44 中所示的派生技术。

"机器人篇"将介绍机器人在新领域的必要核心技术，"零件篇"会介绍为在今后可以对机器人进行实际应用，需要解决的核心技术课题。

▶ 机器人中的这些技术正在被应用着

今后的应用范围将更广

Ⅰ.动作控制技术

①行走姿态生成技术

②命令控制

③步行稳定技术（地面反作用力控制、目标 ZMP 调控、落地位置预测、预测运动控制）

④高速行走稳定技术（姿势控制、高速旋转行走技术）

⑤实时模式转换控制

⑥高维空间姿势平衡控制

⑦上下台阶技术

⑧臂部 / 手部控制

⑨全身协调控制

⑩多台协调控制

Ⅱ.智能化技术

①声音识别

②声音合成

③对话控制

④图像识别（移动物体的识别、手势识别、人脸识别、障碍物判断）

⑤移动路径生成

⑥自身位置修正

⑦自动充电

⑧多种形式传感器

⑨推断周围状况

⑩迂回路径生成

⑪自主行动生成

Ⅲ.机械系硬件技术

①两足行走结构

②两臂结构

③可以独立控制各手指的小型多指机械手

Ⅳ.致动器技术

①电动机

②油压致动器

Ⅴ.电气系硬件技术

①高速演算处理回路

②高反应、高功率的电动机驱动装置

③传感器信号处理技术

Ⅵ.传感技术

①摄像头

②麦克风

③力量传感器

④激光区域传感器

⑤触觉传感器

⑥角度 / 旋转传感器

⑦陀螺仪 / 加速度传感器

从机器人技术中派生出的

节奏型步行助手
（Ⅰ-①、Ⅳ-①、
Ⅴ、Ⅵ-⑥）

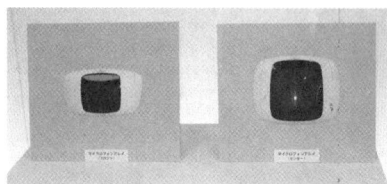

车内声音输入装置（Ⅱ-①）

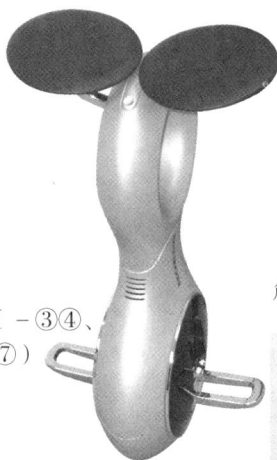

一轮车型
一人可移动（Ⅰ-③④、
Ⅳ-①、Ⅴ、Ⅵ-⑦）

用于两轮车的姿势
角度传感器（Ⅵ-⑦）

作业臂机器人（Ⅰ-
②③⑨、Ⅲ-①、Ⅳ-①、Ⅴ、
Ⅵ-③⑦）

支撑体重步行助手／制
造业现场作业人员助手（Ⅰ-
②③、Ⅳ-①、Ⅴ、Ⅵ-③⑥）

表2　搭载在新型"ASIMO"上的主要技术内容

I.动作控制技术	行走姿态生成技术		决定行走时抬脚的方式、步幅和步调
	命令控制		阻挡来自外部的力量，起到缓冲的作用
	步行稳定化技术	地面反作用力控制	吸收地表的凹凸不平，用脚掌部分支撑
		目标ZMP调控	脚掌无法支撑时，向上半身倾倒的方向给予加速，通过反作用力来保持姿势。ZMP是Zero Movement Point的省略语，也就是总惯性力瞬间为零的意思
		落地位置预测	通过步幅对由于目标ZMP调控而产生的上半身的偏移进行调整
		预测运动控制	预测接下来的移动，旋转时提前移动重心，改变步行周期
	高速行走稳定技术	姿势控制	灵活应用上半身的弯曲和扭动，防止伴随高速发生的打滑和空转现象的发生
		高速旋转行走技术	为平衡旋转时发生的离心力，将重心向内侧倾斜。根据旋转半径来调节速度，控制倾斜姿势
	实时模式转换控制		转换步行、行驶、跳跃等模式时，无需中途停止动作，可以实现无缝切换
	高维空间姿势平衡控制		动作进行中也可修正落地位置
	上下台阶技术		通过力量传感器来推断踩踏位置以确保没有踩错位置，然后上下台阶
	臂部/手部控制		通过控制手部与臂部，可以实现握住纸杯及托盘，进行餐车门的闭合、握手、拧瓶盖、手语等动作
	全身协调控制		协调手、胳膊和脚等身体部位。可以实现用托盘和餐车等进行物品的搬运、穿行过门、与人牵手行走等动作
	多台协调控制		连接互联网后可以分享多台"ASIMO"之间的工作状态，为实现最高效率来进行分担作业

（续表）

Ⅱ.智能化技术	声音识别		查明声源位置、分辨人声以及其他声音。多人同时对话也能准确地辨别
	对话控制		从单词的组合中对说话内容进行整体把握，可对整段话进行回答。提前锁定说话情境
	图像识别	移动物体的识别	从摄像头拍摄到的画面中检测出多个移动物体，并识别出其距离和方向。也可以产生几乎与人类相同的认知
		手势识别	从画面信息中辨识手的移动位置
	多种形式传感器		将多条的传感器信息融合汇总，生成对于推断状况必要的信息
	推断周围状况		以多种形式传感器为基准推断周围环境
	迂回路径生成		发现障碍物时自己判断并生成迂回路径。生成不妨碍人的最佳迂回路线，绕开人或障碍物行进。也可以在没有足够的空间进行绕开行进时，做出后退一步，将路让出的动作
	自主行动生成		使行动规则通用化，将各种通用的单位动作进行组合，自觉地配合周围环境开展行动。在动作过程中也可重新进行判断

对在第 42、43 页中介绍的技术中，难以理解的专门术语的一部分进行介绍。

▶ 机器人篇

日本精工的导盲犬机器人

为被引导者减压

日本精工开发研究了类似导盲犬的为视觉障碍者做引导的机器人。根据九州导盲犬协会的信息，"希望拥有导盲犬的人约有 7800 人"。但实际上被租借的导盲犬数量在 2010 年年末时仅有 1067 只①。供给量远远低于需求量。如果可以用机器人来代替导盲犬，这样的状况很可能会得到改善。

将视觉障碍者安全地引领到目的地是导盲犬最重要的作用之一。为此导盲犬要：①按照视觉障碍者所指示的方向准确地进行引导；②避开障碍物；③准确告知视觉障碍者台阶的存在；④具备告知视觉障碍者拐角和路口的能力。

———————

① 据日本盲人社会福祉设备协会调查数据。

▶ 双重系统机器人的技术开发

日本精工计划在 2020 年前成功开发出此种机器人。所以，设立了在 2016 年之前开发出仅限在室内环境里使用的导盲犬机器人的目标。

日本精工为获取可以成功开发出导盲犬机器人的核心技术，正在研究、开发在依靠车轮行驶的前提下能够避开障碍物的机器人，和能够上下台阶的四脚机器人。终极目标的导盲犬机器人则是要"实现将在此之前掌握的技术进行融合"。日本精工电子机械技术开发中心，尖端技术研究所所长高成敏己这样说道。

▶ 防止突然减速和改变方向

图 16 为日本精工开发的最新型回避障碍引导机器人"NWR002"。是以导盲犬机器人所必需的使用者界面装置（UI）和回避障碍物的功能为主要开发目的的试作品机器人。

日本精工在 UI 部分投入精力最多的是，连接视觉障碍者与常常陪伴在身边的导盲犬机器人之间的握柄。设计时力求不给操作握柄的人过多的负担，即使长时间操作握柄也不容易产生疲劳，且能正确地将需求传达给机器人。

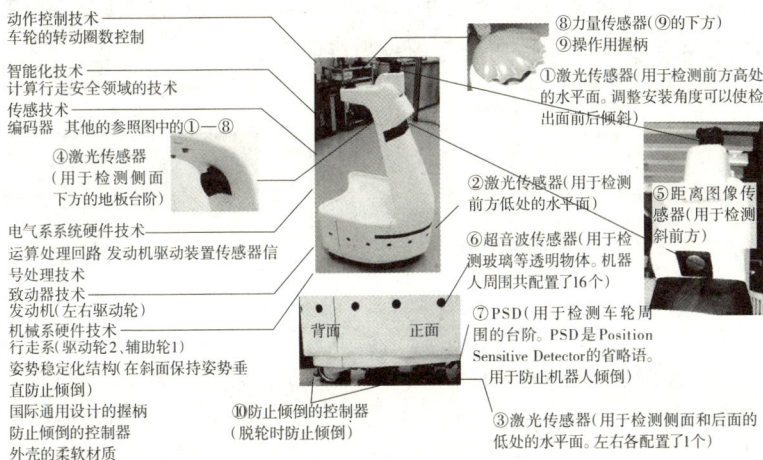

动作控制技术
车轮的转动圈数控制

智能化技术
计算行走安全领域的技术
传感技术
编码器 其他的参照图中的①—⑧

④激光传感器
（用于检测侧面
下方的地板台阶）

电气系统硬件技术
运算处理回路 发动机驱动装置传感器信
号处理技术
致动器技术
发动机（左右驱动轮）
机械系硬件技术
行走系（驱动轮2、辅助轮1）
姿势稳定化结构（在斜面保持姿势垂
直防止倾倒）
国际通用设计的握柄
防止倾倒的控制器
外壳的柔软材质

⑩防止倾倒的控制器
（脱轮时防止倾倒）

背面　正面

⑧力量传感器（⑨的下方）
⑨操作用握柄

①激光传感器（用于检测前方高处
的水平面。调整安装角度可以使检
出面前后倾斜）

②激光传感器（用于检测
前方低处的水平面）

⑤距离图像传
感器（用于检测
斜前方）

⑥超音波传感器（用于检
测玻璃等透明物体。机器
人周围共配置了16个）

⑦PSD（用于检测车轮周
围的台阶。PSD 是 Position
Sensitive Detector 的省略语。
用于防止机器人倾倒）

③激光传感器（用于检测侧面和后面的
低处的水平面。左右各配置了1个）

图 16　回避障碍引导机器人"NWR002"的主要技术

通过握柄向想要去的方向施力，机器人可一边回避障碍物一边进行引导。为了让其识别障碍物、墙壁及地板的边缘等室内环境，分别使用了 4 个激光传感器、1 个距离图像传感器和 16 个超音波传感器。可跨越的阶梯差为 10mm。

在此开发出的是贝壳形握柄（图 16 ⑨）。手可以嵌在凹陷处，根据力的施加方向和力的大小灵活地进行控制。由于凹陷处和手指的粗细相当，所以既不容易打滑也很容易施力。为使操作的人在握住握柄时就能知道机器人的正面方向，在贴近手掌的部位设计了凸起的部分。

关于回避障碍物的功能，突然减速和改变方向都是十分危险的，所以能十分流畅地改变行进速度和方向是十分必要的。为此日本精工开发了通过机器人自身与障碍物的位置关系来推断无法避开与障碍物发生碰撞的速度区域（危险区域），从而修正机器人的行进速度的技术（计算行驶安全区域的技术）。总之，在进入被引导人所指的速度危险区域时，机器人会修正到可以避开碰撞的速度区域。因为要以速度为基准判断是否危险，而不仅是判断和障碍物之间的距离，所以使无需突然减速和改变方向也能成功地避开障碍物成为可能 ①。

---

① 实际上回避障碍物的方法还有一点优势，就是在像地铁自动检票口那样的狭窄空间中也可以移动。以前使用过的叫作潜在法的回避障碍物的处理方式中，原理上在被障碍物夹住的狭窄空间中是无法通过的。由于新的回避障碍物的方法，距离实现导盲犬机器人又近了一步。潜在法是指对机器人与目的地之间的引力、机器人和障碍物之间的斥力进行假设，如果与假设相同就可以边躲避障碍物边到达目的地的回避障碍物的处理方式。使用潜在法的话，当接近异常的障碍物时，其潜在斥力重合的效果会放大，所以有本来可以通过的缝隙也被判定为不能通过的事例出现。

▶ **迅速识别台阶的平面区域**

　　另一款机器人是作为四脚型机器人，被新开发的试作品机器人"NR003"（图17）。此款机器人主要以识别台阶落差、台阶，以及升降功能为开发目标。

　　在这里最为重要的一点是能够以与人同样的速度上下楼梯。为此"NR003"需要在上下台阶时迅速识别每一层台阶的平面

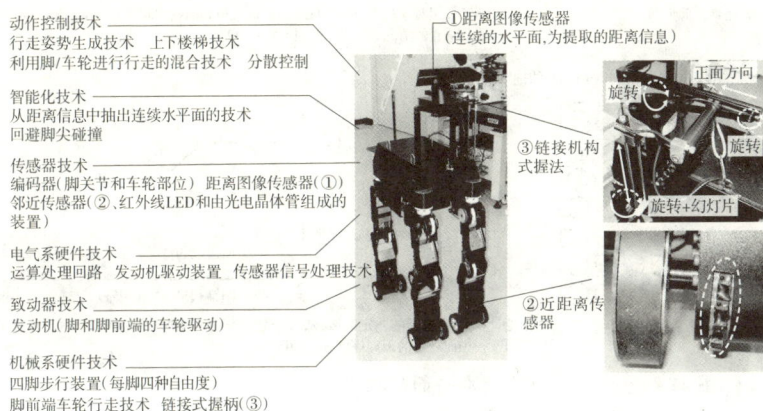

①距离图像传感器
（连续的水平面，为提取的距离信息）

动作控制技术
行走姿势生成技术　上下楼梯技术
利用脚/车轮进行行走的混合技术　分散控制

智能化技术
从距离信息中抽出连续水平面的技术
回避脚尖碰撞

传感器技术
编码器(脚关节和车轮部位)　距离图像传感器(①)
邻近传感器(②、红外线LED和由光电晶体管组成的装置)

电气系硬件技术
运算处理回路　发动机驱动装置　传感器信号处理技术

致动器技术
发动机(脚和脚前端的车轮驱动)

机械系硬件技术
四脚步行装置(每脚四种自由度)
脚前端车轮行走技术　链接式握柄(③)

③链接机构式握法

正面方向
旋转
旋转
旋转+幻灯片

②近距离传感器

图17　四脚型机器人"NR003"的主要技术

　　在告知视觉障碍者楼梯存在的同时，机器人率先上下楼梯并引导人通过。通过距离图像传感器和连续水平面检出技术能够尽早地识别台阶的边缘。这样，机器人就可以用与使用者相近的步调行走了。平地上用车轮行走，楼梯上用四脚配合车轮行走来实现上下楼梯的动作。脚前端的邻近传感器是为了避免脚撞到楼梯上的障碍物。从使用者的角度来看，在机器人上下楼梯时，其高度和倾斜度都会发生变化，因此导入了连接装置，使用者无论何时都能够很好地对握柄进行操作。

区域[1]。

这样的识别功能，之前的试作品机器人需要 3—4 秒，但是这太花费时间了。因此日本精工与电气通信大学共同开发了通过距离图像传感器获取距离信息，从信息中能够抽取连续水平

(a)根据圆锥扫描决定信息抽出点

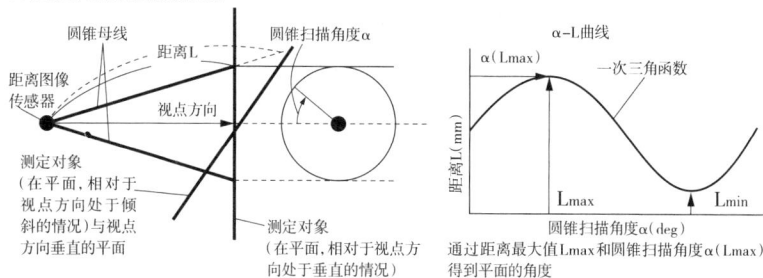

α-L曲线

α(Lmax) 一次三角函数

圆锥母线　距离L　圆锥扫描角度α

距离图像传感器

视点方向

距离L(mm)

Lmax　Lmin

测定对象
(在平面，相对于视点方向处于倾斜的情况)与视点方向垂直的平面

测定对象
(在平面，相对于视点方向处于垂直的情况)

圆锥扫描角度α(deg)

通过距离最大值Lmax和圆锥扫描角度α(Lmax)得到平面的角度

(b)连续水平面的抽出(水平面边缘的抽出)

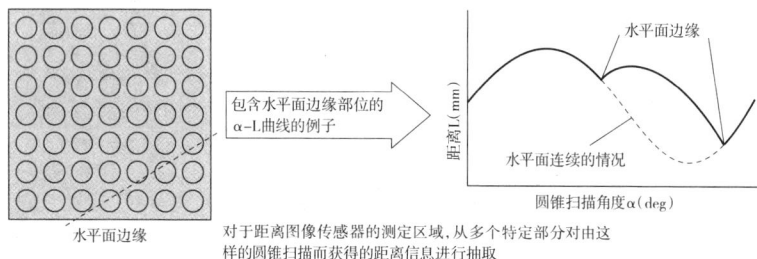

水平面边缘

包含水平面边缘部位的α-L曲线的例子

距离L(mm)

水平面边缘

水平面连续的情况

圆锥扫描角度α(deg)

对于距离图像传感器的测定区域，从多个特定部分对由这样的圆锥扫描而获得的距离信息进行抽取

图 18　为快速检出连续水平面的技术

（a）设定从距离传感器出发的视点方向，将其作为垂线画圆锥，然后决定抽出距离信息的点群。根据点群的距离信息，画 α-L 曲线，就可以判断测定对象是否为平面和倾斜角。（b）对于距离图像传感器的测定区域，从多个特定部分进行这样的处理。在平面不连续时，α-L 曲线不会生成一次三角函数。

[1] 关于握柄部分，就像图 17 中介绍的那样，设计时力求让使用者在上下台阶时也能很好地进行操作。

面的算法。具体如下：

首先，设定从距离图像传感器到测定对象的视点方向［图18（a）］。接着，将那个方向作为垂线，画圆锥体（圆锥扫描），从距离图像传感器的测定区域，来确定测定对象是否为平面的点群。

如果是平面的话，点群会呈圆形或椭圆形。因此，以距离图像传感器和点群各点的距离 L 为纵轴、各点对应的圆锥扫描的边缘的角度 α 为横轴，画 α-L 曲线，平面时是一次三角函数[1]。

为识别连续水平面，对于距离图像传感器的测定区域，从多个特定部分对由这样的圆锥扫描而获得的距离信息进行抽取［图18（b）］。于是就会找到水平面的断开处（边缘）。α-L 曲线不会生成一次三角函数。取被推断为与实际曲线接近的一次三角函数曲线的差，如果差大于一定值，就可判断为不是连续面。通过此项技术，日本精工把每个台阶平面区域的推断时间缩短至不到 1 秒。

如上所述，日本精工正在向导盲犬机器人的实现迈进。剩下的最大课题是导航系统和移动物体识别、室外环境识别等技术的开发。

---

[1] 平面的倾斜角是从 α-L 曲线中距离的最大值和圆锥扫描角度求得的。

▶ 本田的作业臂机器人

无论是高处还是狭窄处都能进行工作

核能发电设备正在寻求操作高处灯泡的开关等技术。本田试制了对此种作业进行隔离操作的"作业臂机器人"（图19）。核能发电设备中既狭窄又错综复杂的地方非常多。高处作业时，需搭载升降式台座。在这种场合工作的作业臂机器人就需要无论是在既狭窄又错综复杂的地方，还是在晃动的台座上都能够

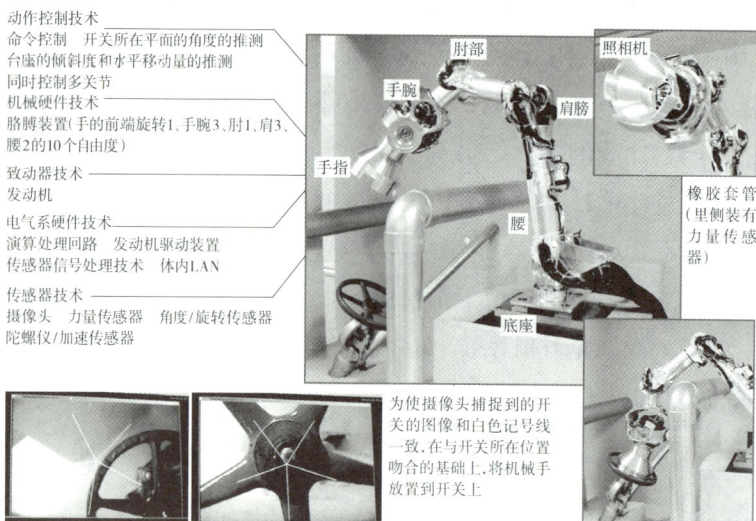

动作控制技术
命令控制　开关所在平面的角度的推测
台座的倾斜度和水平移动量的推测
同时控制多关节
机械硬件技术
胳膊装置(手的前端旋转1、手腕3、肘1、肩3、腰2的10个自由度)
致动器技术
发动机
电气系硬件技术
演算处理回路　发动机驱动装置
传感器信号处理技术　体内LAN
传感器技术
摄像头　力量传感器　角度/旋转传感器
陀螺仪/加速传感器

肘部　照相机　手腕　肩膀　手指　腰　橡胶套管(里侧装有力量传感器)　底座

为使摄像头捕捉到的开关的图像和白色记号线一致，在与开关所在位置吻合的基础上，将机械手放置到开关上

图19　本田试作的"作业臂机器人"的主要技术

这是可以远程控制灯泡开关的机器人。以用于核能发电的生产设备为目标。加入了使其在像升降式台座那样不稳定的地方也可以对灯泡开关进行操作的技术装置。在作业臂机械手的前端内部搭载了摄像头，操作者可以通过观看影像对机器人下指示，以求白色记号线与开关位置一致。此时，机械手的姿势会通过考虑台座的摇晃程度、配管等因素由机器人自己算出。

切实地进行开关灯泡的作业的技术。

　　"实际上，在机器人内部装入了 LAN。"本田技术研究所基础技术研究中心第五研究室室长及主任研究员重见聪史谈道。

▶ **通过体内 LAN 进行分散控制**

在狭窄而又错综复杂的空间中，为使机器手接近灯泡开关，作业臂机器人需要边弯曲胳膊边避开障碍的技术。

因此必须有能够同时控制多个关节的动作，并通过几个系统分别对各个部分进行分散控制的技术。因此，作业臂机器人"主要的处理器和控制机器人各个部分的电子控制单元（ECU）都与 LAN 连接在一起"，重见谈到。

同时控制多关节指通过体内 LAN 将所有传感器信息按顺序收集，在这些信息的基础上计算主要处理器应该采取怎样的姿势。其结果将由 ECU 一起送出，从而同时控制多个关节。通过这样在 500μs 的短周期内重复回路，来提高响应性。

▶ 在力的反方向行动

　　而且，"由于台座的摇晃，必须保证即使机器手与灯泡开关发生碰撞，所产生的冲击力也能够被吸收"，本田技术研究所基础技术研究中心第五研究室第二小组主任研究员松本隆志说。如果冲击过大，作业臂和灯泡都有破损的危险。所以，要有作业臂机器人能够吸收冲击力的技术。

　　具体来说，就是命令控制技术。例如，"如果人的手被推，会不自觉地将手向反方向撤，否则就会接受多余的力。同样的道理，向力的反方向行动的就是命令控制技术"，松本隆志说。

　　但是，对多大程度地向反方向行动的判断是难点。所以在作业臂机器人上加入了"先试着向反方向行动，然后确认力的减弱程度，如果减弱程度不足，再继续施力"（松本隆志）这样的处理技术。通过在500μs周期内重复这样的动作，提高作业臂机器人吸收冲击的能力。

▶ 机器手与开关所在平面垂直

由于机器手必须做到切实地转动开关，所以机器手需要按压在开关所在的平面上。但这样也会造成台座的晃动，从而在操作时造成障碍。

为解决这一问题，要分别推测开关面的角度、台座的倾斜程度、水平移动的量，使机器手垂直于开关的平面。

在这里使用到的是力量传感器、陀螺仪／加速传感器。手腕和腰部，分别装有力量传感器、陀螺仪／加速传感器。通过力量传感器可以感知手腕和腰部被施加的力及自重产生的力矩，通过陀螺仪／加速传感器可以知道手腕和腰的倾斜程度。通过这些信息来推算台座的倾斜程度及水平移动的量。

另一方面，开关面的角度也可以通过手腕上被施加的力矩来计算。当机器手垂直于开关的平面时，开关面向手腕施加的力矩为零。但当二者斜对时数值就不为零。也就是说只要产生了力矩，为使其数值变小，机器手会稍微倾斜角度。

这样的过程会在力矩变为零之前不断被重复。周期为 500 μs，开关面的角度从期间产生的力矩积分进行推算。推断时间仅为 0.1 秒。这样高处灯泡开关的操作就能够被切实地实施。

本田计划在 2012 年上半年请候补的客户企业对作业臂机器人进行评估[1]。将来会面对的课题是对边看摄像头边进行更便捷

---

[1] 根据情况，不仅是灯泡的开关作业，预计还可进行在复杂的场所移动、边弯曲作业臂边拍摄不容易看到的地方等作业。

的远程操作的改善。"我们的目标是，让操作人员感受到即使与障碍物间有距离，也可进行操作的便利性。"松本提到。

在这里介绍到的技术全部是本田在开发拟人型机器人"ASIMO"的过程中培养的技术。

▶ 安川电机的服务机器人

通过更换组件实现对多元化需求的应对

此款机器人是为辅助家庭生活的一般人设计的。安川电机为实现服务机器人的实用化，把"SmartPal"作为检证技术要素的试作机器人。

该公司在开发"SmartPal"的过程中引入了机能性组合化的概念。有臂、手等组件的多种组合，根据用途进行组合，对多种服务机器人进行高效开发。与产业用机器人相比，对于必须应对多种需求的服务型机器人来说，"一个机器人能应对多种需求才算成功"。该公司技术开发本部开发研究所开发企划小组组长田中信一说。

▶ 以组件为单位的技术开发

SmartPal 的最新机型是 2011 年发布的"SmartPal Ⅶ"（图 20）[①]。安川电机用组合化的理念，开发了致动器等构件的技术。"SmartPal Ⅶ"是"将所有的构件组合成一个先导模型"，田中说道。

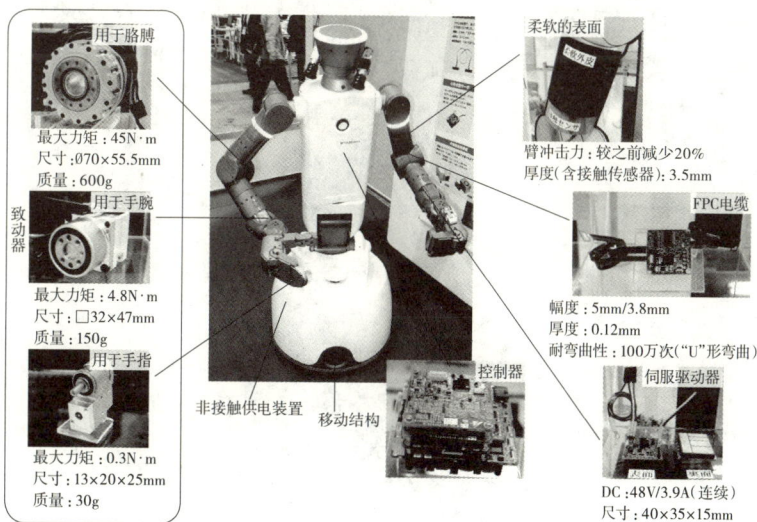

用于胳膊
最大力矩：45N·m
尺寸：Ø70×55.5mm
质量：600g

致动器

用于手腕
最大力矩：4.8N·m
尺寸：□32×47mm
质量：150g

用于手指
最大力矩：0.3N·m
尺寸：13×20×25mm
质量：30g

非接触供电装置　移动结构

控制器

柔软的表面
臂冲击力：较之前减少20%
厚度(含接触传感器)：3.5mm

FPC电缆
幅度：5mm/3.8mm
厚度：0.12mm
耐弯曲性：100万次("U"形弯曲)

伺服驱动器
DC：48V/3.9A(连续)
尺寸：40×35×15mm

图 20 "SmartPal Ⅶ"的构成
为使臂等组件的体积小型化，正在进行致动器等构件的技术开发。

———————

[①] SmartPal 的第一代发布于 2005 年。当初叫作"下一代机器人"：大小大约与人相同；可以进行多种作业；以应用本公司持有的发动机等构件的技术作为目标。

例如，从机器人肩膀到手腕，都与人相似，臂由 7 个致动器和伺服驱动器等部分组成（图 21）。要改良机器人臂，就必须研究各个构件。

因为机器人臂除了要降低与人、障碍物的接触概率，提高安全性，还要能伸入狭窄的地方。所以将构成机器人臂的致动器、电缆等构件小型化是十分必要的。

在 "SmartPal Ⅶ" 上，采用了通过向外壳进行热传导的方法来冷却伺服驱动器，去掉冷却扇叶使体积削减了 60%。除了扩大致动器中空部分的直径，采用了跨过关节部位、与机器相连的 FPC（柔性基板）电缆，配线所占空间大幅缩小[1]。因此，机

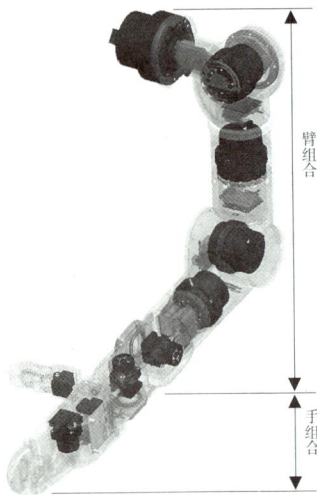

图 21　机器人臂组合与手组合（"SmartPal Ⅴ"）

组合内藏有许多致动器和伺服驱动器等构件。需要连接它们的电缆。各构件的小型化也就是整个组合的小型化。

[1] 以往的中空部分直径较小，致动器外侧也安置了电缆通过。Smart-Pal 上，所有的电缆都从中空部分通过。

器人臂的直径与第二代之前的"SmartPal Ⅴ"的 105mm 相比，减少到 80mm。

还有已经具备了多个种类的组合。例如，机器人臂前端的手的组合中，将同人一样的食指到小拇指一体化，再加上相当于大拇指的"连指型"和拥有三根手指的"多指型"等（图 22）。

除了以构件和组合单位来进行技术开发的特有概念，该公司还应用了该公司的通用技术。比如，关于提高安全性能的技术。在将各组件轻量化的基础上，还考虑用机器人表面覆盖的外壳来缓和冲击力。实际上，"我们采用了从十种材料中选出来的一种海绵状的外壳"，将其应用到了"SmartPal Ⅶ"上[1]，安川电机技术开发本部开发研究所机器人技术开发担当部长 RT 控制技术组组长安田贤一说。通过采用这种材料，机器人臂的冲击力减小了 20%。

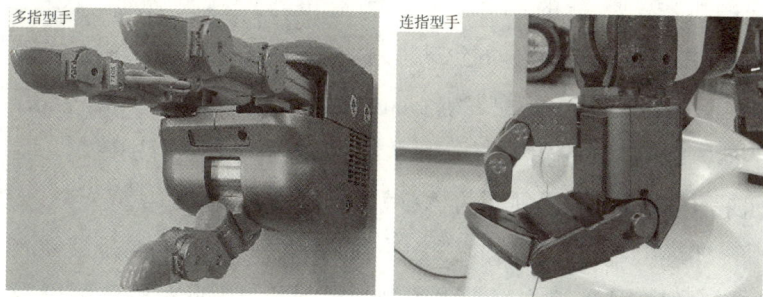

图 22　两种手组合

由于多指型的三根手指是分别做动作的，所以可以应对各种形状。而连指型虽然无法做出从左右向中间的包裹动作，但却可以轻易地做出握东西的动作。对于连指型，该公司在研究用一个致动器进行两个自由度的动作上花了很多精力。

---

[1] 之所用采用这种材料，是因为其可以作为覆盖机器人臂等可动部分的轻型材料，也比较容易安装在镁合金制的构造部件上。

▶ 通过手指的位置控制各部分的活动

安川电机将人与机器人交流的相关技术作为今后服务机器人的研究课题。

例如，判断机器人旁边是否有人的传感技术、在有人的情况下判断这个人是谁的识别技术等。

作为其中的一环，该公司还正在开发能更加简单地进行操作的机器人技术。在 2011 年 11 月举行的"国际机器人展"上，该公司用这一技术进行了对在相隔很远的父母家的机器人进行操作的演示（图 23）。

操纵者一边观看通过设置在机器人头部的摄像头拍摄到的机器人手指的部分，一边用遥控器控制其活动。这样，"SmartPal Ⅶ"的各部分的致动器就能被同时控制，一边避开在机器人里有数据记录的障碍物，一边向着目标方向移动手指，然后活动各部[①]。"产业用机器人基本上是各关键动作被分别控制，但如果服务机器人也用那种方法，就不会有人使用了。"（安田）

实际上，第一代前的"SmartPal Ⅵ"，每个组件也是被分散控制，但在Ⅶ上追加了集中控制的控制器。由此可以监测机器人的整体安全，统筹机器人的所有活动。

而且今后，还要把①碰到障碍物时回避轨道的计算功能，②跨越台阶的功能，③与人接触前的感知功能，④与人擦肩而

---

① SmartPal 拥有全部的 32 个自由度。其中包括 7 个手臂自由度 ×2、5 个手自由度 ×2、3 个腰部自由度、3 个移动自由度、2 个头部自由度。

图 23 　远程操作的演示

　　操作者边看机器人所拍摄的手指的画面，边对位置做出指示。机器人会根据指示，自动生成腰、肩、肘和手腕等各关节的动作。但在照片中，机器人的摄像头拍摄到操作者手的动作后，自动对手指位置进行了改变。

过时缓慢移动的功能，⑤关节部位的致动器的柔软性确保[1] 等技术纳入开发计划，不断钻研人与机器人之间交流的技术。

---

　　① 现在的关节部位上，伺服锁之外，还装配了减速器，柔软性差。

▶ 将 SmartPal 上的技术应用于产业用机器人

对于服务机器人，安川电机面临的最大课题是致动器的小型化。不仅要将致动器小型化，还要给机器人提供所需的输出功率，而为这个，也需要致动器有一定的体积。

为此，虽然考虑过使用空气压和油压等方案，但空气和油的供给源、精度等棘手的问题也会接踵而至。所以，该公司考虑用一个致动器实现两个自由度，决定开发小型/大输出功率的致动器。

另一方面，该公司也着手将在 SmartPal 上开发出的新技术运用到产业用机器人上。例如，为 SmartPal 开发的手组合可以用于该公司的产业用机器人。使用 SmartPal 进行组装作业时掌握的控制技术、和人协调作业的技术等，也可以在使用机器人进行组装作业等上得到应用。

▶ 松下开发的医院内搬运机器人

在人和障碍物多的环境中也能够安全地自主行走

在医院等医疗机构，由于少子老龄化问题的加剧，医院的工作人员和护士也都变得特别忙碌。加之，对总医疗费用削减等经营合理化的需求也在增加。受其影响，很多医疗机构考虑要将单一作业尽可能地自动化，让工作人员和护士能够更加专注于本职工作。

松下抓住了这一商机，正在开发各种以医院为对象的机器人。其中之一就是在医院内可以自主进行搬运作业的机器人"HOSPI"（图24）。药品、血液检查用材料、医疗器具、文件等都可以代替工作人员和护士自主地进行运送。

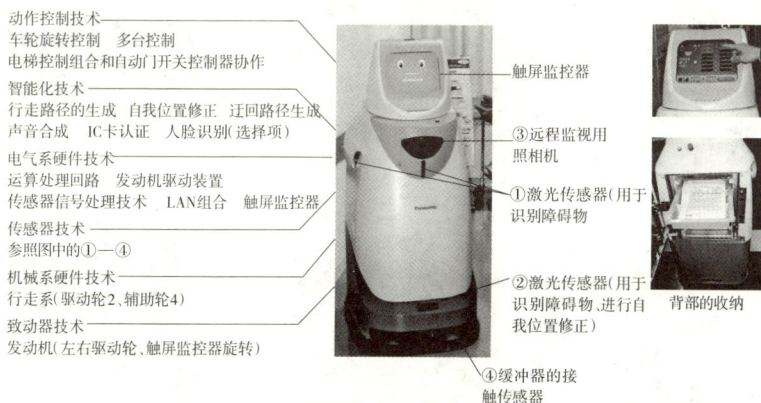

动作控制技术
车轮旋转控制　多台控制
电梯控制组合和自动门开关控制器协作

智能化技术
行走路径的生成　自我位置修正　迂回路径生成
声音合成　IC卡认证　人脸识别(选择项)

电气系统硬件技术
运算处理回路　发动机驱动装置
传感器信号处理技术　LAN组合　触屏监控器

传感器技术
参照图中的①—④

机械系统硬件技术
行走系(驱动轮2、辅助轮4)

致动器技术
发动机(左右驱动轮、触屏监控器旋转)

触屏监控器

③远程监视用照相机

①激光传感器(用于识别障碍物)

②激光传感器(用于识别障碍物、进行自我位置修正)

背部的收纳

④缓冲器的接触传感器

图24　医院内进行自主运送的机器人"HOSPI"搭载的主要技术

药物和检查用材料可以放在背部的收纳中，如果使用者通过触屏指定了目的地，机器人就会开始自主思考行走路径，并向目的地前进。新技术使上述内容都成为可能。

▶ **必须对变化的环境也能进行应对**

开发此款机器人是为了在人、轮椅、担架往来的医院里，避开这些障碍，并且可以无需导航地自在移动。因为有些医院里会有栏杆、白线或标志等很难设置导航的场所。

要实现这一目的，与传统的产业机器人技术划清界限是必不可少的。传统的产业用机器人，在操控的零件或周围环境发生变化时就不能立刻做出行动。这是因为传统的产业用机器人是通过提前设定好的固定情景的动作程序做出行动的。所以"对于在医院中来回行走的机器人来说，其周围环境不是固定的，思考并做出行动的自主控制技术是必需的"，松下机器人事业推进中心商品开发统筹北野幸彦说。

▶ 修正打滑造成的偏离

具体来说有：①能够自主地思考到达位于医院内的目的地的行走路线；②根据路线在医院内自主地行走；③可以感知饭桌、担架、桌面等位于较高位置上的特有的突出物；④避开医院里往来的人、轮椅、担架等；⑤能够乘坐电梯到达其他楼层等功能。

为实现上述功能的关键技术之一就是"②自主行走"中必不可少的自动修正技术。"HOSPI"有左右两个驱动轮，在前后各配置了一个辅助轮，共计四个轮子。左右驱动是独立控制，如果左右轮以相同圈数进行正转的话为前进；如果左右轮以相同圈数相互进行反转的话为回旋；如果左右轮改变转动圈数进

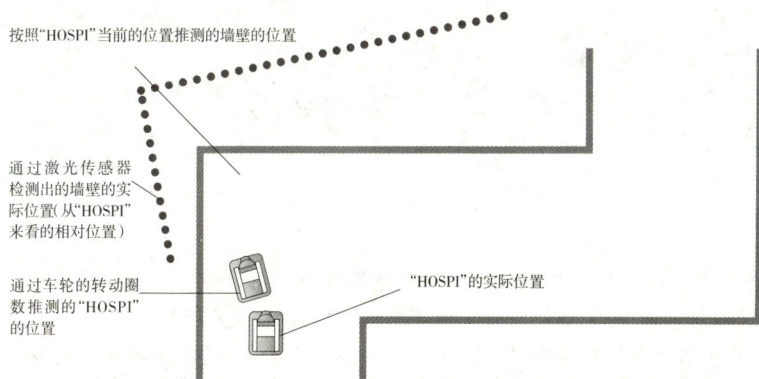

按照"HOSPI"当前的位置推测的墙壁的位置

通过激光传感器检测出的墙壁的实际位置（从"HOSPI"来看的相对位置）

通过车轮的转动圈数推测的"HOSPI"的位置

"HOSPI"的实际位置

图25　自我位置修正

从车轮的转动圈数记录来推测自己的当前位置，然后计算与墙壁之间的位置关系。将这个位置与用激光传感器检测出的位置比较，根据偏离程度进行自我修正。

行正转的话为转弯。像这样通过控制左右驱动轮的转动圈数就可以按照目标路径自主进行行走了。

但是，现实总是很艰难的。驱动轮和地板会产生打滑的现象，打滑的程度会根据地板的材质及表面状态的不同而发生变化。所以，仅靠对驱动轮的转动圈数做出指示还是会与目标路径发生偏离。

为此，松下开发出了能够修正因打滑而产生与目标路径偏离的算法（图25）。实际上，为了让"HOPSI"能自主地思考行走路径，在"HOPSI"上搭载了医院的地图信息（俯视平面图）。机器人可以边考虑单向通行和禁止通行等问题，边自主地选择最短距离的行走路线。开始行动后，以给驱动轮的指示履历为

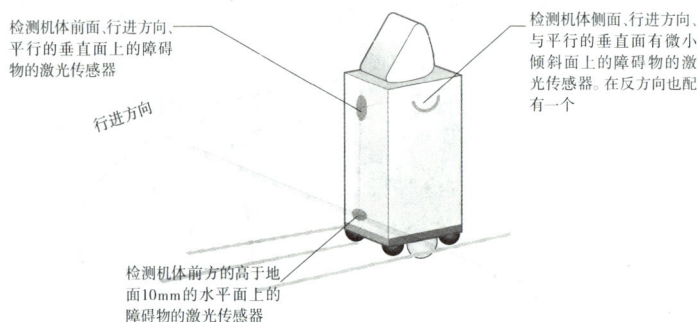

检测机体前面、行进方向、平行的垂直面上的障碍物的激光传感器

行进方向

检测机体侧面、行进方向、与平行的垂直面有微小倾斜面上的障碍物的激光传感器。在反方向也配有一个

检测机体前方的高于地面10mm的水平面上的障碍物的激光传感器

图 26 "HOSPI"搭载的激光传感器的检测区域

"HOSPI"上搭载了四个激光传感器，用于计算与墙壁之间的距离（检测墙壁）的是这其中搭载在机器人机体前的高约10mm的地方的传感器。"HOSPI"可以检测出与"HOSPI"前方高10mm的水平面上的物体之间的距离。而用于检测医院里特有的高处突出物的是剩下的三个激光传感器。将激光照射的方向作为垂直面，与垂直面稍有倾斜，处在高处的突出物就会被检出。不仅是墙壁，高10mm的激光传感器还可以用于检测墙面、突出物以外的障碍物。

参考，在没有打滑等误差要因的情况下推测自己在地图上的位置。然后通过把自己推测出的位置与墙壁的相对位置，和与墙壁的实际的相对位置做比较来把握偏离程度，从而修正自身位置。

　为测量与墙壁之间的距离，需要激光传感器。在某平面内照射激光，通过等待反射光的时间来测算与墙壁之间的距离（图26）。以0.5秒为周期检测出与墙壁之间的距离，通过修正来缩小误差。

▶ 避开障碍物的中途目标

　　实现在医院内进行搬运作业的机器人的另一个关键就是"④回避障碍物"所必需的生成迂回路径的技术。

　　除了医院里来来往往的人、轮椅、担架外，还有餐桌、担架、在桌面等所在的高处也会有突出物（障碍物）。如果不能很好地回避这些障碍物，也无法实现在医院里自主地行走。

　　"HOSPI"中使用了像图26那样的激光传感器来感知存在于高处的突出物和障碍物。然而，由此得知的仅是障碍物的轮廓和形状。要避开这些障碍物，需要生成迂回路径、接近障碍物时可自动修正行进方向的技术。

　　在此松下开发出的是下面要介绍的生成迂回路径的技术。按顺序来说的话，"HOSPI"将与目的地之间的路径细分化，分别设定目标点来进行移动。通常情况下，就是向着最近的目标点选择最短的距离行走。但是，在此路径上有人或障碍物时会放弃最近的目标点，然后经由重新设置的子目标行走。

　　具体来说，在考虑"HOSPI"自身大小的基础上，还要设定用激光传感器检测出的障碍物的位置，和从轮廓形状来看在地图上是被设置为不可侵犯的区域。接着，来确认连接距离"HOSPI"自身位置最近的目标点之间的线段是否干涉到了不可侵犯的区域。如果干涉到了，就在中途设置子目标。对连接"HOSPI"与子目标、目标点之间的线段是否干涉不可侵犯区域，分别进行路径修正。此时，在子目标不干涉不可侵犯区域的范围内设定最短路径^①。

---

① 在人来人往的医院，对安全性的要求在不断地提高。回避人和障碍物只是为此开发的技术之一，"HOSPI"还需要做到"不要卡在有圆形形状的衣服、点滴袋等上面""下调重心到即使被成年人推也不会倾倒的程度""限制其以与人步行同样的速度行走，万一与人相撞也不会伤到人"。

▶ 电梯控制组合与通信

另外，⑤的这种乘坐电梯升降的功能，在比较大的医院里，对于节省到搬运目的地的时间这方面也是十分重要的。"HOSPI"通过电梯控制组合与 LAN 实现了这一功能①。

例如，在"HOSPI"想乘坐电梯时，会通过 LAN 将意图和目的地的层数传达给控制组合。为不与人同乘这个电梯，控制组合会将此电梯切换成"HOSPI"专用模式，关掉电梯的照明，然后搭乘电梯。之后，控制组合会在"HOSPI"下电梯之前一直对其进行辅助。

松下在其旗下的松下纪念医院等进行了对"HOSPI"进行实际使用的实验。到 2011 年 9 月为止，"HOSPI"顺利地对药品进行搬运已经超过 3000 次。而"HOSPI"的操作者，并不是松下的员工，而是医院里的工作人员。该公司以在 2012 年将"HOSPI"商品化为目标，正在进行研究和开发的工作。将来，该公司考虑开发非接触式充电技术，以减少充电带来的麻烦。

---

① 这个 LAN 上，除了控制电梯的组合，还配备有播放 HOSPI 上设置的拍摄头所拍摄到的影像的显示器；拥有可以记录影像的录像机；将 HOSPI 的所在位置显示在地图上的系统管理电脑；在 HOSPI 到达后通知工作人员的 HOSPI 工作通知指示灯；自动门开关的控制器；各 HOSPI 之间共享路径信息，以避免在狭窄的过道上碰到其他 HOSPI 等控制、监控电脑；从 HOSPI 上搭载的无线 LAN 组合可以对 LAN 进行访问等装置。

▶ 丰田汽车的搀扶/移动护理机器人

在机器人的行动方式和构件材料上煞费苦心，以减轻病人痛苦

"在医疗和护理的实际工作中，对于护理人员来说负荷最重的工作之一就是把被护理人员从床上扶起，然后搬扶到轮椅上，带被护理人员去厕所或做检查等工作。"丰田汽车机器人合作部理事高木宗谷说。因为被护理人员不使用纸尿裤，想去厕所大小便这样的情况是肯定有的。

把被护理人员从床移动到轮椅上时，护理人员首先要让被护理人员坐在床的边缘，将被护理人员的脖子搭在自己的肩膀上，用手搅住其背部，从床上将其抱起再放到轮椅上。护理人员把被护理人员从轮椅移动到洗手间的马桶上也是同样的做法。在被护理人员使用纸尿裤时，还需要另一位护理人员来摘掉被护理人员的纸尿裤。

这样的工作因为负荷很大，也成为造成护理人员腰痛的原因。例如："连澳大利亚的法律都规定不允许由一位护理人员进行此类工作。"（高木宗谷）

▶ 为被护理人员的臀部下方留出空间

以减轻搀扶 / 移动被护理人员时给护理人员造成的工作负担为目的，丰田汽车与藤田保健卫生大学共同开发的是，代替护理人员来支撑被护理人员的身体，帮助他们能够顺利地坐到床上或洗手间的马桶上，还能将被护理人员臀部抬起的机器人"搀扶 / 移动护理助手"（图 27）。

配有可拆卸的座面和附带电动开关的平板车，在抬起被护理人员臀部的状态下把其从床或洗手间移开，整理好座面，能替代轮椅使被护理人员坐在自己身上。护理人员可以借助扶手，

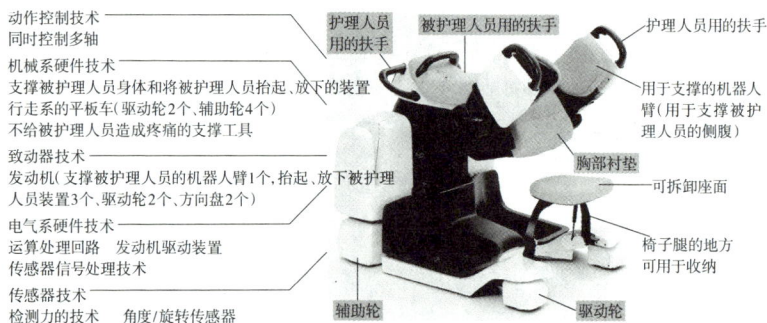

动作控制技术
同时控制多轴
机械系硬件技术
支撑被护理人员身体和将护理人员抬起、放下的装置
行走用的平板车（驱动轮2个，辅助轮4个）
不给被护理人员造成疼痛的支撑工具
致动器技术
发动机（支撑被护理人员的机器人臂1个，抬起、放下被护理人员装置3个，驱动轮2个，方向盘2个）
电气系硬件技术
运算处理回路　发动机驱动装置
传感器信号处理技术
传感器技术
检测力的技术　角度/旋转传感器

护理人员用的扶手
被护理人员用的扶手
护理人员用的扶手
用于支撑的机器人臂（用于支撑被护理人员的侧腹）
胸部衬垫
可拆卸座面
椅子腿的地方可用于收纳
辅助轮
驱动轮

图 27　丰田汽车开发的"搀扶 / 移动护理助手"的主要技术

带被护理人员去洗手间、做检查时，辅助护理人员把被护理人员放到轮椅上或从轮椅移动到马桶上等。利用胸部衬垫和扶手可以将被护理人员的臀部从床或洗手间的马桶上抬起。反之，也可以将被护理人员放在洗手间的马桶上。为不给被护理人员造成疼痛，采用了支撑、抬起、放下、支撑（胸部衬垫）被护理人员的装置，和对控制装置的三个发动机进行同时控制的技术（多轴同时控制技术）。

按下搀扶 / 移动护理助手键后，机器人就会检测出力，然后在行走模式下用车轮开始辅助的工作。

　　虽然在设计机器人时投入最大的就是怎么将被护理人员的臀部抬起，并在臀部下方留出空间。但在搀扶 / 移动护理助手上，仍然实现了不用把被护理人员从机器人助手上移动下来，也可以更换纸尿裤，以及将被护理人员放到洗手间的马桶上或床上等。

▶ 以内行护理人员的动作为参考

在搀扶 / 移动护理助手的开发过程中最重要的一点就是不能给被护理人员增加痛苦。这是对与身体密切接触的机器人的要求。

搀扶 / 移动护理助手的上方装有支撑被护理人员前倾时的装置（图 27 中的胸部衬垫、被护理人员用的扶手）。这个装置要将被护理人员的臀部抬起，并在其臀部下方留出空间。此时为尽量避免给被护理人员造成痛苦的姿势，必须控制好装置的动作。

那么，什么样的动作才是不会给被护理人员造成痛苦的动作呢？为调查这个问题，使用的是慢动作捕捉技术。通过这一技术把握、参考内行护理工作人员的动作，然后决定出图 28 中所示的支撑部的动作。

为实现这一动作，最重要的是可以支撑住被护理人员的身体，然后像画弧一样将其臀部抬起或放下的装置，以及让决定这一动作的三个发动机同时工作的多轴控制技术。虽然丰田并没有公布这一装置的详细构造，但据说公司在机器人的胸部衬垫的下端和扶手的上端各装了一个使它们向前后倾斜的发动机，胸部衬垫和扶手连接的部分是可以向同一方向自由旋转的构造。另外机器人身上还配有使扶手上端上下升降的发动机和使扶手

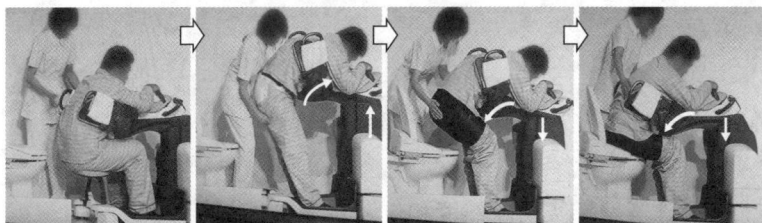

图 28　抬起、放下被护理人员时的支撑部的动作
丰田汽车在"2011 年国际机器人展"上展示的视频。

前后滑动的装置[①]。

　　为了不给被护理人员造成痛苦，丰田汽车还对胸部衬垫的厚度和积层构造等进行了合理化的设计，以使支撑部的胸部衬垫均等受压。胸部衬垫采用了氨基甲酸酯材料的模具。

　　该社将搀扶／移动护理助手在 2013 年后实用化作为目标。为达到这一目标，需要解决的课题是小型化、轻量化的实现，安全性、信赖性的确保，成本的降低。例如，为了使其不仅是在医院，在比较小的护理机构或者家庭也可以使用，就必须使其更加灵活、更加小型化。

------

　　① 为使这三个发动机进行联动使用的多轴控制技术，是该公司在机器人研究开发中培养出的技术。前面提到的慢动作捕捉技术也是同样的。

▶ 生研中心 / 涩谷精机的采摘草莓机器人

正确辨别果实的成熟度和位置

虽然政府有提高粮食自给率的目标，但从业者的高龄化却阻碍了这一目标的实现。为打破这一状况，"为农作业省力"是必须完成的一项任务。而这正为农业机器人提供了用武之地。

例如，农业 / 食品产业技术综合研究机构的生物系特定产业技术研究支援中心（以下简称生研中心）和涩谷精机（本公

图 29　采摘草莓机器人

草莓一般都种植在较高的草莓栽培床上，草莓果实会结在从上面垂下来的茎尖端部分。机器人一边在与栽培床平行铺设的两条轨道上移动，一边采摘成熟的草莓。机器人机体大小约为长 1.7m× 宽 0.6m× 高 1.9m。照片中的机器人是在采摘种植棚左侧的草莓。虽然拍摄到的机器人照片是在白天，但实际上采摘草莓机器人是在夜间工作的。

司位于松山市）^① 共同开发的可以自动采摘草莓的机器人（图
29）。"草莓的栽培、采摘所需的时间，如果按照栽培面积 10a
（1000 ㎡）来计算，一年大约是 2000 小时。这是种植水稻时间
的 70 倍。"生研中心基础技术研究所部长兼机器人组组长西村
洋说，草莓是非常费工的一种作物。这其中，采摘作业占 2000
小时中的 500 小时，约为 1/4。对于种植草莓的农户来说，对减
轻采摘作业强度的需求很大。

---

① 涩谷精机是静冈涩谷精机与 SI 精工在 2011 年 4 月 1 日合并而成的
公司。SI 精工也参与了采摘草莓机器人的开发。

▶ 选择采摘目标

　　采摘草莓时，是辨别采摘草莓的适宜时间、在不破坏果实的情况下将其从枝头摘下、收到托盘中这样的一个过程。对于机器人来说，①通过草莓的成熟度来判断草莓是否适宜采摘，②判断可采摘的草莓的位置，③切断草莓的果柄（从蒂中伸出的茎的部分）并拿住草莓（采果机器人手），④将采果机器人手向目标位置移动等关键技术是必不可少的。

　　采摘草莓机器人的心脏部位（采摘装置）是由三个CCD摄像头、五个LED照明、采果机器人手、驱动机器人手的控制器

图30　采摘时的样子

　　采摘草莓机器人的采摘装置由三个CCD摄像头、五个LED照明、采果机器人手等部分构成。机器人通过CCD摄像头测定草莓的位置和成熟度，然后用控制器前端的机器人手摘取草莓。采果机器人手拥有可以根据果柄倾斜度调整角度、握住／切断果柄的功能。

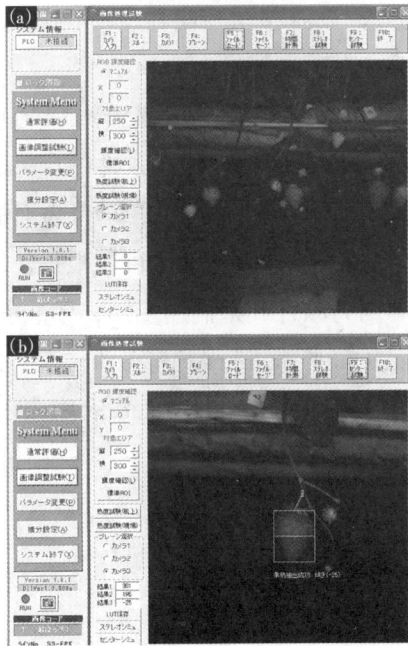

图 31　辨识草莓位置的画面

（a）在机器人停止的状态下，首先获取大范围的图像，从颜色和味道上来判断草莓是否适合采摘（成熟与否），从叶子和不适宜采摘的果实的前后关系来判断能否用机器人进行采摘。(b) 如果确定了是要采摘的果实，机器人就会测定果实果柄的位置，采果机器人手开始工作。

构成的 [①]（图 30）。上述的①和②，都会利用 CCD 摄像头拍摄到的图像。

　　图像是在第二阶段拍摄到的（图 31）。在第一阶段，是对机器人机体正面的栽培床进行特写拍摄。在此摄影范围内，无

_____

　　① 另外还有收纳采摘到的草莓的托盘装置，以及可以让机器人在大棚内移动的行走装置。

需整体移动机器人，只需移动控制器就有足够采摘用的空间。当然也会拍摄到多个草莓在图像中。

机器人通过图像来选择满足草莓成熟情况（成熟度）适中、采果机器人手可以采摘到这两个条件的草莓。成熟度虽然可以通过色和味的情况（一般情况下，草莓表面的着色面积达到 80% 以上）来判断，但这一标准也可以根据使用者自身的状况来进行调节 。"因为品种和采摘期不同，标准也会发生变化，农户可以根据自己的经验来进行调整。"西村说。关于采果机器人手，如果草莓没有与其他草莓重叠、没有隐藏在叶和茎后面，就会被机器人判断为"可以采摘"。

▶ 准确地握住果实并切断

确定了采摘目标的草莓后，机器人会通过第二阶段的图像处理取得详细信息[①]。这就是前面②中提到的草莓位置的选择，具体来说就是果柄位置和朝向。由此，采果机器人手就可以准确地握住、切断果实了。

实际上，采摘草莓机器人主要在夜间工作。由于没有太阳光照射，可以确保固定的照明条件，图像处理也会变得更加容易。再加上果实在夜间的硬度会提高，采摘时不容易破坏果实，而且还可以有效利用人不进行作业的时间，这些都是选择让机器人在夜间工作的好处。

像这样配合握住的果柄的位置和角度，通过控制器来控制采果机器人手的活动，采果机器人手是通过三个自由度的圆筒坐标系（水平面上的旋转角度和上下方向、半径方向的距离）来确定位置。还可以在分别为 15° 的三个阶段改变机器人手的张开方向。使采果机器人手前端张开的方向与果柄伸出的方向呈直角，可阻止两者间的互相干涉。

机器人是在大棚里以 200mm 的幅度平移进行草莓的采摘。从过道的一端移动到另一端，机器人机身会进行 180° 旋转。然后机器人移动到隔着过道的反方向的栽培床，以同样的移动方式采摘草莓。

---

① 在三个 CCD 摄像头中，用两侧的两台来确定果实的三维位置，用中间的一台确定切断位置和倾斜角度。LED 照明只在拍摄图像时使用。

关于移动装置，起初也探讨过自动式和悬挂式，"但因为有如果轮胎太软，到机器人机体稳定下来需要花很长时间等问题，就采用了使用轨道、XY图像处理部件的行走方式"（西村）。

投入了这样的技术完成的采摘草莓机器人的技术水平"几乎接近完成阶段"（西村）。采摘1个草莓的时间大约为9秒，适合采摘的（成熟的）果实全体的60%—65%可以在一个晚上内采摘完。剩下的可以在第二天清晨通过人手来采摘。

生研中心和涩谷精机现在全年都在实施面向栽培草莓机器人的实验。关于采摘草莓机器人的价格，"把在30a（3000m²）左右的地上铺设的轨道等费用算在内，应该在700万—800万日元之间"（西村）。

▶ 作为栽培系统来思考

采摘草莓机器人不仅省力，还可能为草莓栽培带来附加价值[1]。采摘时收集各种数据、积累栽培技巧等问题也被考虑了进去。

而且今后，"大棚也要实现机器人化，这一点是很重要的"（西村）。其中有一项就是现在正在开发的"草莓高密植移动栽培系统"（图32）。传统的大棚都是在栽培床的行列间留过道的。

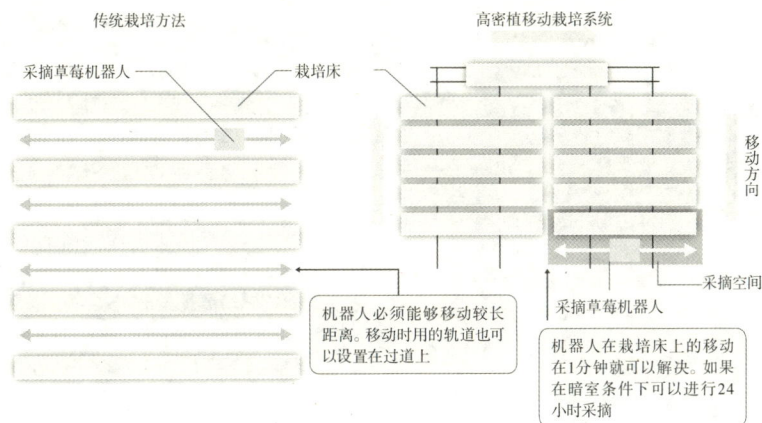

传统栽培方法　　　　　　　　　　　　高密植移动栽培系统

采摘草莓机器人　　　　栽培床

移动方向

采摘空间

机器人必须能够移动较长距离。移动时用的轨道也可以设置在过道上

采摘草莓机器人

机器人在栽培床上的移动在1分钟就可以解决。如果在暗室条件下可以进行24小时采摘

图32　采摘的高效化

为了实现采摘草莓的高效化，对栽培系统整体都要进行讨论。现在，通过使机器人在栽培床上移动，提高每设施面积内的栽培株数到原来的2倍的栽培系统正在开发中。如果这种方法适合采摘草莓机器人，采摘的位置就可以被固定，这样不仅可以降低铺设轨道的成本，在夜间以外的时间进行采摘也会成为可能。

---

① 例如在图像处理时测定草莓的大小，只采摘一定大小的草莓。

与此相对，草莓高密植栽培系统中，栽培床是可移动的。不需要留过道空间，单位面积的栽培株数大约可以增加 2 倍。

如果能够应用这个系统，采摘的场所就可以被固定下来，也就是无需移动采摘机器人。"将测定场所设为暗室，进行 24 小时采摘，机器人的稳定性和采摘的准确性就有可能提高。"（西村）

▶ 开放空间下的安全确保成为课题

农业机器人中除了采摘草莓机器人外，无人驾驶拖拉机和插秧机器人等也在研发中。这些机器人都应用了激光定位和全球定位系统（GPS :Global Positioning System）等，机器人一边把握自己位置一边行走。虽然自主行走这一点已经在技术开发过程中初见成效，但仍存在安全性的问题。

采摘草莓机器人在大棚内的运行，也就是机器人工作的时候，需要以周围没有人为前提。但是在水田、旱田等开放空间，无人农业机器人很难清楚地分辨出农作物和人。

遗憾的是，关于解决这一问题的技术目前还没有任何进展。"我们并非拘泥于完全无人化，而是要开发出辅助驾驶农机的人的机器人，这一点对解决现实问题来说是很重要的。"（西村）

▶ 零件篇

用独创技术挑战新领域

如我们在机器人篇中介绍的事例那样，根据机器人用途的不同，技术需求也是多种多样的。着眼于开发特定用途的机器人，一边进行开发，一边碰壁，一边开发必需的关键技术，如果不是一定规模的企业是很难做到这一点的。

但是，即使是开发机器人整体，构成机器人的一部分的零件和关键技术也与机器人整体的开发息息相关。而且在开发机器人过程中积累的技术，在其他领域也可以得到应用。在这里，对致动器的削减／小型化，人的负荷／不相容感的减少这两大课题的解决技术进行说明。

▶ 致动器的削减/小型化

"使用电磁力的致动器已经到达了极限。"安川电机技术开发本部开发研究所机器人技术开发组技术担当部长 RT 控制技术组组长安田贤一说。致动器不仅要小，还要能够提供机器人所需的输出功率。

特别是进行抓东西等细致作业的机器人手的部分，若想做出复杂的动作，在所有关节上都装上发动机是很难的。因此本田在新型"ASIMO"的手指驱动上使用了油压致动器。而这个发动机的大小成为了一个很大的课题。

下面将介绍用较小的致动器实现复杂动作的技术和使致动器小型化的技术。

▶ 将一个动作分支 / 传达

Double 技研（本公司位于神奈川县座间市）开发出的"D-Hand"可以用一个致动器驱动多指机器人手，可以灵活地握住软、硬、非对称形状等各种东西（图 33）。因为只通过一个致动器完成动作，在机器人手本身体积减小基础上，成本也得到了降低。"在开发中，我们着眼于人手掌的动作。像是做包住什么东西一样的动作，所以接触面积增大，稳定性得到了提高。"该公司董事长和田博说。

"D-Hand"是拥有三根手指的机器人手，每根手指的关节数为 3 个。虽然驱动减少到只有一个致动器，但每根手指都会根据工作内容灵活地活动。

比如工作对象的高度与机器人手手指等会长时间做夹住的动作；工作对象比较薄的话，指尖就会自上而下支撑着工作。而且工作的位置会有来自于机器人手中心的补偿，所以即使手指接触工作对象的时机有偏差，与工作对象接触的手指会停止

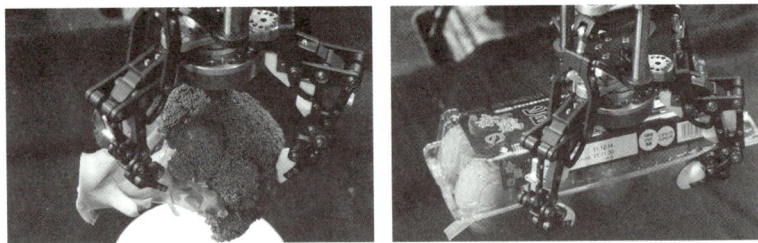

图 33　用一个致动器驱动多指机器人手的"D-Hand"
例如西兰花、鸡蛋盒等，一个致动器可以驱动机器人手实现对应不同形状的动作。

动作，其他手指仍能继续工作。

　　该公司原来是涉足汽车生产线的熔接机械的。但由于汽车公司在汽车设备上的投资减少，他们想着眼于可以将本公司技术进行应用的机器人领域。"D-Hand"就这样被开发了出来。原本"是以义手作为构想开始研究的"，和田说道。

▶ 活用两种连接装置

"D-Hand"的动作是通过包含手指各个部分的"复合 4 节连接装置"和向这些多个手指构造传递致动器力的"协调连接装置"这两种连接装置来实现的（图 34）。前者实现了包覆式的手指动作，后者则是吸收各指停止动作时的时机的偏离。

复合 4 节连接装置是将 4 节组合成两部分的构造。第 1 连接装置相当于从指根的第 3 关节到中间的第 2 关节部分，第 2 连接装置相当于从第 2 关节到指尖的第 1 关节部分。通过共享第 2 关节部分的 1 个连接 A，做联合动作。

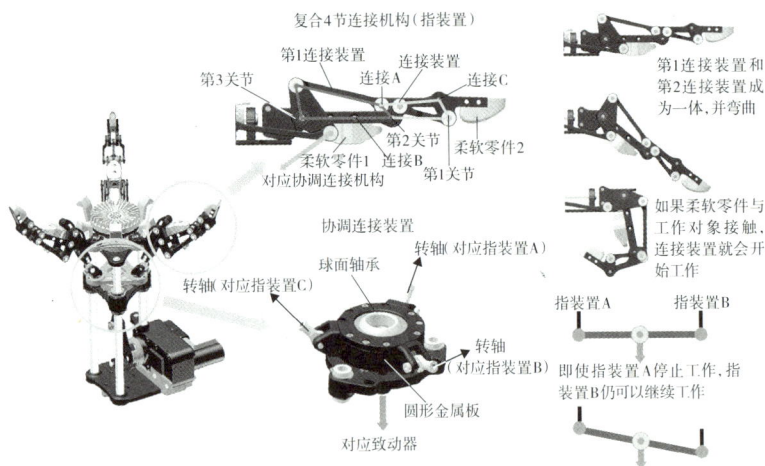

复合4节连接机构(指装置)

第1连接装置　连接装置

第3关节　连接A　连接C

第1连接装置和第2连接装置成为一体，并弯曲

第2关节
柔软零件1　连接B　柔软零件2
对应协调连接机构　第1关节

如果柔软零件与工作对象接触，连接装置就会开始工作

协调连接装置

球面轴承　转轴(对应指装置A)

转轴(对应指装置C)

转轴
(对应指装置B)

圆形金属板

对应致动器

指装置A　　指装置B

即使指装置A停止工作，指装置B仍可以继续工作

图 34 "D-Hand"的构造

通过复合型 4 节连接装置，手指从根部慢慢转弯似地活动多关节。当一个指装置与工作对象接触而停止动作时，协调连接装置使其他手指仍然继续工作成为可能。

手指从伸直到开始弯曲的最初阶段，无论是第 1 连接装置还是第 2 连接装置的角度都不变，是整体活动。也就是说，从手指的根部（第 3 关节部分）开始弯曲。

但是第 1 连接装置上配的柔软零件 1 和工作对象接触的话，第 1 连接装置中的 1 根（连接 B）无法移动，所以手指也无法从根部开始弯曲。这时致动器会驱动第 1 连接装置开始工作，同时通过连接 A 第 2 连接装置也开始工作。这样就形成了第 2 关节的动作。第 2 连接装置的连接 C 上配有柔软零件 2，第 2 连接装置的动作就和第 1 关节的动作联动了起来。

另一方面，协调连接装置的作用是把致动器的动作传递给各个装置。把球面轴承包起来的金属板就是其本身。金属板中心部分的轴承是致动器，金属板周围的轴承与各指连接。

致动器是使金属板上下移动，通常使用与其相同的量就可以使和各手指相连的转轴上下移动。如果某个手指装置与工作对象接触，手指装置将停止动作，与那根手指相连的金属板轴承的上下移动也会停止。但是为了使金属板倾斜，致动器就会像杠杆一样将力传递给其他手指。

Double 技研在 2011 年年末开始销售 "D-Hand"。"与机器人的一般消费者相比，和装置厂商的生意更多。"和田说道。除了用于农作物的采摘外，作为产业用机器人被采用的可能性也很高。

▶ 通过三轴转动球体

Double 技研在"D-Hand"的装置上花费了一番心思，不仅对致动器进行了有效的利用，还使其小型化。图 35 中的球面超声波发动机，是借助致动器实现小型化的。通过圆环状的振动子与球体表面的接触，实现了三个自由度的动作，是由东京农工大学大学院工学研究室教授远山茂树等人组成的研究小组开发出来的。

原本，球面超声波的马达是"考虑关节部分的驱动而开发

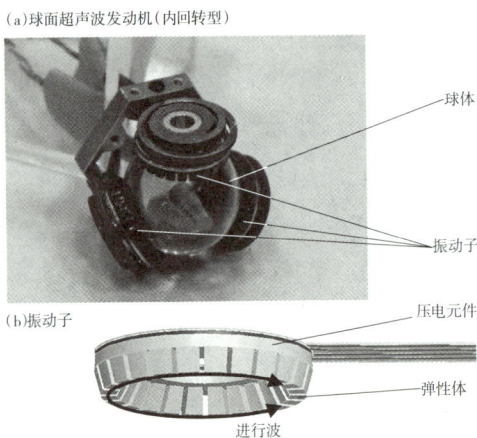

(a)球面超声波发动机(内回转型)

球体

振动子

(b)振动子

压电元件

弹性体

进行波

图 35 球面超声波发动机

将三个环状振动子与一个球体接触。各振动子的压电元件以 +/− 交替排列并被极化，然后通过给其施加交流电，弹性体会产生共振，产生进行波。进行波又会对球体产生扭矩，将来自三个振动子的扭矩进行合成后，球体会以三个自由度进行活动。有旋转球体的内回转型和固定球体后使振动子一侧进行活动的外回转型两种。

出来的"（远山茂树）。但是，产生的扭矩小，比较难适用。这里值得关注的是摄像头等视觉元件的驱动。

在机器人领域中，能够自由控制视觉元件的朝向的这一需求很高。为了能够较大范围地看到周围的状况，搭载多个可以改变方向的视觉元件和将一个视觉元件用三个自由度驱动是十分必要的。不管什么状况，如果需要的零件较多，就会产生安装空间的问题。

这个问题通过采用球面超声波马达就可以解决。而且远山教授提到采用球面超声波马达还有移动速度快、寿命长的优点。

在球面超声波马达上，有固定振动子一侧、使球体转动的内转子和固定球体一侧、使振动子转动的外转子。

例如久爱（本公司在横滨）就开发出了搭载外转子球型超声波马达的管内检查机器人［图36（a）］。此款机器人将摄像头和搭载照明的前灯部分以及振动子一体化。因为机器人的前端不用弯曲，机器人可以进入内径为52 mm的管内进行全面检查。

▶ 在内视镜中的活用

作为球面超声波马达的应用方向，除机器人以外，其他领域的研究也正在进行。医疗用内视镜就是其中之一［图36（b）］。在此之前，根据所看方向不同需要更换内视镜。但利用球面超声波马达将视野的控制变为可能，此类手术的安全性也得到了大幅提高。

在内视镜的根部设置球面超声波马达，其球体和前端的摄像头模块通过金属软丝连接。这样就形成了球体和摄像头同步作业的一个装置。内视镜的前端也变得更小巧，驱动马达的回路部分不用进入体内。而且，马达的球体附有一根小棒，通过

图 36　球面超声波马达的应用
管内检查机器人（a）和内视镜（b）上装入的球面超声波马达。管内检查机器人中采用了外转子，可以将摄像头和照明的朝向在狭窄的管道中变大。另一方面，在内视镜的根部安装球面超声波马达，前端的摄像头部分（装有CCD摄像头的球体）和马达的球体通过金属软丝连接，二者可以同步移动。而且马达的球体上附有一根小棒，手动操作也变为可能。

小棒的移动使得摄像头的方向得以改变"医生们希望可以用自己的手来控制摄像头"〔SERENDIPITY（本公司在东京）董事长真一〕。

▶ 减轻人的负担和违和感

　　前面介绍过的日本精工的导盲犬机器人，因为要寸步不离地跟着主人，所以不给使用者增加负担的手柄设计及不必要的减速和方向的改变，又可以躲避障碍物的所谓十进制算法的核心要素也包含在其中。前面列举的丰田汽车的搀扶 / 移动护理机器人，也是因为要与被护理人的身体接触，所以装入了避免使人痛苦的装置。

　　像这样在实际的医疗和护理中使用的机器人，使用者和机器人直接接触的状况被活用的也很多。因此尽量减少使用者的负担和不谐调感已经变成一个研发的重点，这样的核心技术开发正在被推进。

▶ **无法掌握正确的行走方式**

　　为了配合佩戴者的关节移动，需要一个马达来支持关节的弯曲和伸展，为此开发出可以重现人的关节移动装置的是 Suncall（本公司在山梨县南阿尔卑斯市）。该公司与山梨大学、大日本印刷、甲府市立甲府医院、内欧系统（本公司在甲府市）共同开发了佩戴型步行复健支援系统 KAI-R，但该公司的主要业务是片簧及橡胶等自动机械的零件制造（图 37）。

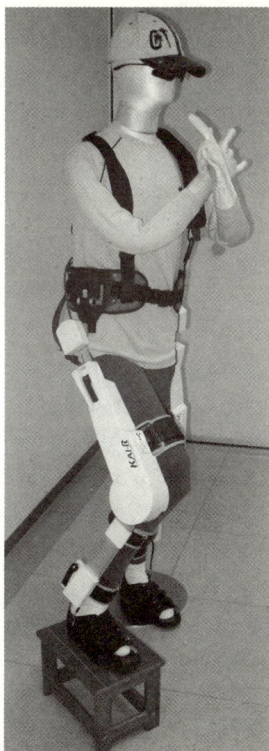

图 37　佩戴型复健支援系统 KAI-R
接受人工关节置换手术的人所需的步行复健支援佩戴系统。该系统通过装入的马达的驱动力来帮助佩戴者实现膝盖的伸屈动作。内藏有角度传感器和接地传感器，将步行可视化并在复健中发挥作用变为可能。由 Suncall（本公司在山梨县南阿尔卑斯市）与山梨大学、大日本印刷、甲府市立甲府医院、内欧系统（本公司在山梨县甲府市）共同试制。

KAI-R 是为帮助那些接受过人工关节置换手术的术后复健而开发的佩戴型系统。沿着腿的侧面佩戴，内藏的马达就可以支持膝盖的屈伸。系统中装有膝关节装置，利用马达将其驱动。驱动力通过佩戴者的膝盖上下卷起的传送带就可以被传递出去。

这样的系统的关节装置，以前使用的是固定旋转轴的装置。但实际上人类的关节在弯曲的时候，大腿侧相对的下肢部分和膝盖的内测是偏离的［顶回动作，见图 38（a）］。所以，假想的旋转中心其实是不固定的。

因此，在传统的类似系统中，佩戴者会觉得有不协调感，在膝盖弯曲程度比较大的时候，传送带等连接的部分会容易产生负荷造成该部分的偏离。这样一来就产生了即使进行复健也仍无法记住正确行走方式的问题。

所以，为了能让人们记住自然的行走方式，拥有和正常人一样的顶回动作，必须有一个不给予佩戴者负担和不协调感的装置。

▶ 活用非圆形齿轮和槽形橡胶

Suncall 为重现顶回这一动作而开发的是将非圆形齿轮和槽形橡胶组合的装置。图 38（b）是由大腿侧框架和下肢侧框架构成的一个装置。大腿侧构架是由驱动用的齿轮（驱动齿轮）和

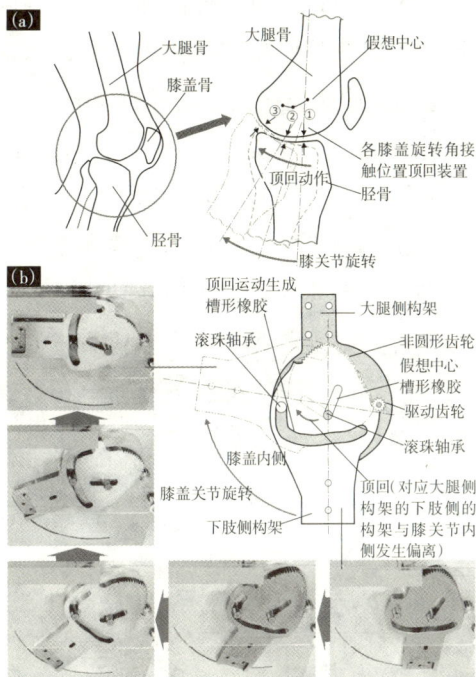

图 38　膝关节的顶回和为了再现这一动作所考虑的膝关节结构

使人类的膝关节屈伸和假想的旋转中心向膝盖的内侧移动（a顶回）。为使这样的顶回装置机械性地组装到膝关节装置中，就有了由非圆形齿轮和槽形橡胶组成的装置（b）。

两个轴（滚珠轴承）相互连接，下肢侧构架由非圆形齿轮和两个槽形橡胶构成，这也是装置的特征。如果驱动齿轮转动使膝盖弯曲，非圆形齿轮和两个槽形橡胶就会使下肢侧构架与大腿侧相对，关节的内侧就会发生偏离，从而实现顶回这一动作。橡胶的设计技术也是为了使该公司制造片簧的装置得以利用。

此外，通过手术置换的人工关节，是模仿人的膝关节骨的形态制成的。因此，顶回的动作虽然可以实现，但其是以人类的肌肉和肌腱的存在为前提的。虽然这一点被考虑纳入步行复健支援系统的膝关节装置，但这种情况下需要有像人体的肌肉一样的调节器和可以代替肌腱的东西。而且，人工关节具有一定的厚度，不适用于像这类在腿上佩戴的系统。

技术实用化的目标时期是 2013—2014 年。其讨论的课题是进行小型轻量化和对应个人差异的必要性。"每个个体的骨骼的大小和形状、肌肉和肌腱的生长结构也存在差异。因此膝关节装置的大小和顶回动作的轨迹也会受到影响。所以到底是准备 S、M、L 三种型号还是根据个人需求进行定制，必须进行调查。"Suncall 管理小组业务管理课助理经理高桥玲说。

帮助解决内视镜手术课题的机器人
大学创业公司使其实用化

　　为在进行剖腹手术时，不给患者带去巨大痛苦，近年来使用外科内视镜（硬性内视镜）来进行内视镜手术的医院比率急速上涨。在以微创化为医疗趋势的背景下，这种手术也变得更加普遍。大学创业公司 RIVERFIELD（东京新宿区）从 2014 年开始销售解决内视镜手术中课题的机器人系统。

　　RIVERFIELD 是东京工业大学精密工学研究所准教授只野耕太郎和客座教授川岛健嗣（东京医科齿科大学生物材料工学研究所教授）在 2014 年 5 月 20 日成立的，也就是所谓的大学创业公司。虽然民间投资都会对大学创业公司敬而远之，但他们从起步阶段就构筑好了事业战略和知识产权战略，并且在民间的"事业出资人"的协助下，利用了以立足于市场和出口来开展事业为目标的日本文部科学省的大学新产业创造据点项目（START）。

▶ 以气压驱动为特点

利用此次销售的机器人系统，主刀医生可以根据自己的头部动作更为直观地操作内视镜的摄像头。首先，让机器人手臂握住内视镜的摄像头。用主刀医生头上戴的陀螺仪传感器检测出前后、上下、左右的移动后，让机器人手臂开始工作（图39）。

传统的内视镜手术中，主刀医生需要让其他医生（助手）拿着内视镜摄像头，并对其做口头指示来变换摄像头的位置。这样就会产生摄像头没有完全按照主刀医生的想法移动、摄像头产生晃动等问题。如果利用机器人系统，机器人就可以完全按照主刀医生的意图来变换摄像头的拍摄角度，在主刀医生两手都被占用的情况下也可以移动摄像头。

东京工业大学以前就研发出了利用空气测量控制技术的手术辅助机器人。他们将其应用到了这次的机器人系统中，最终

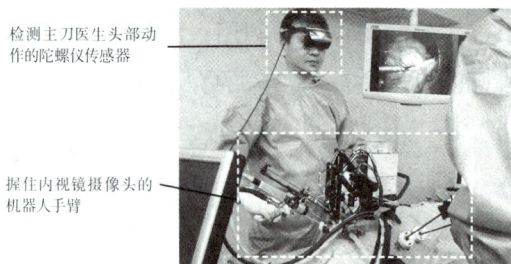

图 39 可根据医生意图移动内视镜摄像头的机器人系统
根据用主刀医生头部佩戴的陀螺仪传感器检测出的动作，手握内视镜的机器人手臂进行移动的系统。

研发出了通过空气驱动，而非电动驱动的可操作内视镜的机器人手臂。因为是利用空气驱动，驱动和控制部分的体积都实现了小型化，构造也更为简单，所以低价格也成为可能。

此机器人系统已经在 2012 年 11 月作为一般医疗器械取得了医药界的认可。现在，在大学医院进行临床试验，其改良制品也在研发中。

提到机器人在内视镜手术中的应用，大家比较熟知的是美国公司 Intuitive Surgical 的手术辅助机器人"daVinci"。但由于其价格高昂且体积较大，只在一部分的医疗设施中得到了应用。但像这里介绍的这样的轻便 / 通用型的机器人到底可以在医疗前线得到多大程度的普及，其未来的发展方向值得关注。

SECOM 公司开发出世界首台空中防盗机器人可自主从上空监视可疑人员

随着社会对安全方面的需求的不断扩大，SECOM 公司开发出了世界首台自主飞行的小型防盗飞行机器人（图40）。未经许可的车辆和人员等进入商业设施中的停车场、工厂、仓库等后，该机器人就会飞到上空对这些可疑车辆和可疑人员进行影像拍摄。对无摄像头或有死角的场所也能进行拍摄，且能做到在可疑人员和车辆进入建筑物之前发出警告的较高的防盗效果。

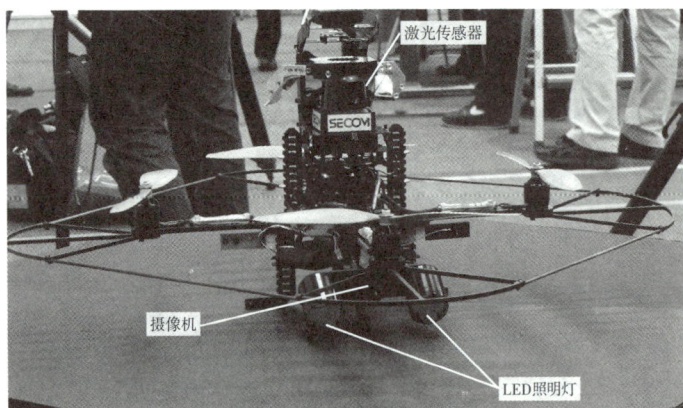

图40　自主飞行小型监视机器人
通用飞行车上搭载有激光传感器、摄像机、LED 照明灯、通信设备、电脑。

　　构成该机器人的基本构架的飞行构造（飞行车）是德国 Ascending Technologies 公司的产品。它上面搭载有激光传感器、摄像机、通信设备、电脑、LED 照明灯等防盗系统。

　　前后左右四个方向安装有四个螺旋桨，可以像直升机那样上升/下降、水平移动、空中盘旋。重量约 1.6kg，能持续飞行约 15 分钟。就其飞行性能来说，它能够向上飞到足够高的位置，防盗功能有效的飞行高度是 10m 左右。

▶ 对牌照进行拍摄

SECOM 设想的是把防盗飞行机器人作为由激光传感器和控制装置等构成的防盗系统的一部分来进行利用。防盗系统用设置在目标设施的建筑物等的激光传感器来检测人员和车辆的出入、移动，对无专用 IC 标识的可疑车辆 / 可疑人员进行判断。

比如，停车场有可疑车辆非法入侵后，防盗系统将会用激光传感器检测出的车的位置信息，传送给设置在警备目标设施、工厂楼顶等有充电功能的站点处的处于待机状态的防盗飞行机器人。机器人接收到可疑车辆的位置信息后，自主地飞到可疑车辆附近，并在保持飞行高度的同时盘旋在其周围对其进行拍摄。

此时，机器人会通过解析搭载的摄像机所拍摄到的影像，和激光传感器获得的信息来判定可疑车辆的前后方向，然后绕

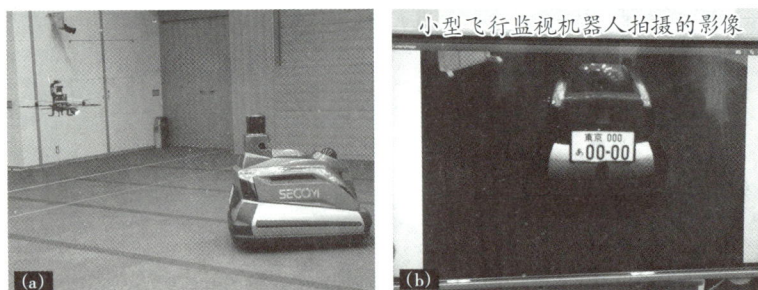

图 41　对可疑车辆的牌照进行拍摄

可疑车辆靠近后在其周围盘旋并进行拍照。（a）对画像进行解析并判断出车的前后方向，然后对后方的牌照进行自动拍摄。（b）是防盗飞行机器人搭载的照相机的影像。

到其后方，并在牌照附近进行重点拍摄（图41）。这样通过在后方的侦查就很容易推断出可疑车辆的车主。

在可疑人员入侵时，机器人在与其保持数米距离的同时，在其周围回旋飞行，然后对其脸部正面进行拍摄。

在可疑车辆移动的情况下，机器人可自动进行追踪。若其逃走，也能对其进行追踪摄像以弄清楚其逃走方向。

▶ 对移动的目标物也能进行追踪

这种防盗飞行机器人最大的长处，是"与可疑人员保持一定的距离，即使可疑人员用棍子和撬杠等对其进行反击也不会得逞"。该公司执行理事 IS 研究所所长小松崎常夫说（图 42）。

为了提高其监视性能，搭载了平均显色评价数（Ra）[①] 高达 95 的 LED 照明灯。以此来正确锁定车的颜色。

为了确保其在飞行领域的安全，限定飞行范围在预先设定好的地面内。防盗飞行机器人上载有警戒目标设施的三维地图数据，可根据这个数据和激光传感器核对测距数据，并确定自己的位置。监视范围为"四个方向各约 1km"。

小型飞行监视机器人拍摄的影像

图 42　对可疑人员进行监视的演示

（a）为了识别可疑人员面部，在正面进行拍摄。（b）是拍摄出来的影像。飞行时保持数米距离，不容易遭受攻击。

---

① 平均显色评价数：表示光源的显色数程度的指数。接近 100 时为正常色度。

▶ 目标是以低价格实现初期实用化

工作中的防盗飞行机器人所拍摄的影像，通过建筑物内的控制装置实时向 SECOM 的控制中心发送信息，根据需要，警备员会赶来或联系警察。"尽量在可疑人员 / 可疑车辆附近进行拍摄以便进行侦查。"（该公司董事长前田修司）

该公司至今已开发出了用于大楼防盗监视等自主行走的机器人。这次开发的防盗飞行机器人汇集了公司至今为止积累的机器人技术和可疑人员识别防盗系统的画面处理技术等。

"我们想尽可能让其在 2014 年实用化。出租费用是 5000 日元 / 月。"前田说。该公司还考虑开发飞行车以使其实用化。随着技术的进步，作为电源的锂离子二次电池的能量密度得到提高的话，就"能够开发出更小、可搭载更多安全设备的防盗飞行机器人"（小松崎）。

此机器人有在恶劣天气条件下功能减弱的缺点。开发的试验样机出现了这一问题。"今后要锁定范围，进行针对性的改良等，提高其耐雨能力。但是，在强风和降雪的情况下，运作应该是很困难的。"（前田）

具备适应不同状况能力的新型 "ASIMO"
看到人的动作后改变自身的动作

本田开发出了具备适应不同状况能力的模拟人型机器人〔图 43（a）〕。该机器人可综合多个传感器的信息，推断人的动作及周围的状况，然后决定机器人自身的动作行为。不仅机器人的状况推断和自主行动的生成能力得到了进化，在保持高维数姿势的平衡等能力方面也得到了进化，除此之外，对人预料之外的行动变化也能应对自如。

图 43　本田开发出的模拟人型机器人新型 "ASIMO"

（a）身长 1300mm、体重 48kg。与旧型号 "ASIMO" 相比，轻了 6kg。关节的自由度增加了 23，具体为：头 3、手臂 7（左右共计 14）、手 13（两手共计 26）、腰 2、脚 6（两脚共计 12）。多台机器人可相互协作来完成接待、引导工作，比如，两台新型 "ASIMO" 分工迎接不同的客人、将客人引导至沙发和接待室（b、c）、接受饮料的预定、在大厅等候时将客人引导至显示器设备前、对客人进行说明。（d）"ASIMO" 在对客人进行说明的过程中，当其他 "ASIMO" 将饮料拿来时，会中断正在进行的说明并用语言通知客人饮料已经送到。

▶ 行动规则的通用化

与旧型号"ASIMO"机器人不同的是，新型机器人能形成智能回路。智能回路指的是，从多个传感器获得信息（外界识别），并对状况做出推断，在对状况进行推断的基础上，用预先设定好的单位动作模块的组合生成动作，然后执行这一动作的一系列流程。对外界的识别如果发生变化，即使在行动过程中也能对动作进行修正。以前的"ASIMO"型号机器人是根据识别外界的结果，只进行预先设定好的动作（程序），也就是其识别外界的结果和行动是以一对一的形式来进行的。

例如，新型"ASIMO"机器人，在配备有用于推断自己位置的空间传感器的本田技术研究所基础技术研究中心的大厅里，①边说边迎接客人，并引导客人至沙发和接待室；②能够通过脸部识别来辨别客人；③接受饮料预定并将饮料送至给客人；④在大厅里等候时，使用大厅里的显示器进行说明和质疑，在应对周围状况的同时进行接待客人的工作［图43（b）—（d）］。

"ASIMO"在对客人进行说明的过程中，当其他"ASIMO"将饮料拿来时，会中断正在进行的说明并用语言通知客人饮料已经送到。"ASIMO"可提前几秒预测到人的步伐方向，如果判断出有碰撞的危险，机器人能立即选择其他路径。

新型机器人通过使用智能回路，实现了自主行动，其得以实现的关键点是行动规则的通用化，通过组合通用化的单位动作模块来完成不同的动作。像接待、引导工作那样，通过在某种程度上限定利用场景，实现了行动规则的通用化。"在本田以外的场所，机器人也有能用于接待、引导业务的通用性。"本田技术研究所基础技术中心第五研究室室长重见聪史说。

此外，新型"ASIMO"还有存储从识别外界到执行动作的结果，并从中选择更加合适的动作的学习功能。

▶ 改变足部轮廓形状，实现小型化

一方面，控制高维姿势的平衡之所以成为可能，是因为对其脚的设计进行了全面修改，足部的着地位置能够从更广的领域中进行选择，运用了在动作过程中灵活地变更步幅、步调的控制技术。

对脚的设计的修改，首先是将脚的轮廓从原来的长方形变为带有圆形的设计。另外，因为足部小型化了，所以机器人能够用单脚着地的领域变大了。因此，机器人在行走过程中即使失去了平衡，也能找到更合适的着地位置以便于行走。

但是，足部小型化后，足部的接地面积减小，如此一来反

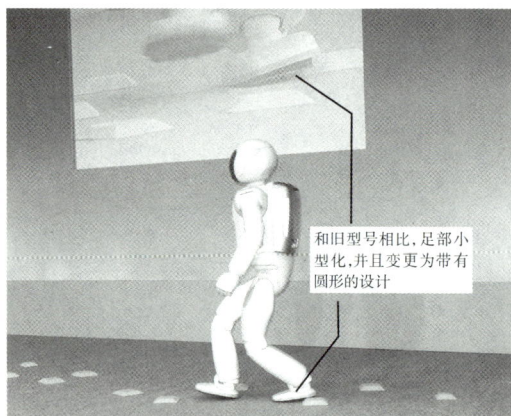

和旧型号相比，足部小型化，并且变更为带有圆形的设计

图 44　可以在凹凸的地面行走

在失去平衡的情况下，机器人会对多个着地位置进行实时探索，最后选择出最合适的着地位置以保持平衡。从后方投影中的图像可以看出，机器人的足部带有圆形的设计。

而增加了保持平衡的难度。本田对此做出的对策是减轻足部的重量。脚变轻后，因为进行活动时会减少"ASIMO"所承受的力矩，所以会更容易保持平衡。通过将使用在大腿、小腿、足部上的马达及减速机轻量化，两脚的重量合计减少了6kg。

此外，在动作过程中灵活变更步调和步幅的控制技术，还帮助提高了"ASIMO"的灵敏性。该技术使"ASIMO"具备了步行、行驶、向后行驶、单脚跳、双脚跳等动作状态的无缝切换的能力，以及即使是在凹凸不平的地面上，也可以在动作过程中变更机器人脚的着地位置的能力（图44）。新型"ASIMO"即使在失去平衡后，也能瞬间抬起脚、保持动作姿势。

▶ 拿纸杯和手语也成为可能

另外，像图 45 显示的那样，新型"ASIMO"可以打开水壶的盖子、在不压坏纸杯的情况下抓住柔软的纸杯、说手语。以前，机器人仅能控制以拇指或剩余手指为单位的手指弯曲，现在则可以做到独立地控制各个手指。因为不是用马达，而是用油压系统来驱动手指，从而实现了独立控制各个手指的小型机器人手。

单只手的自由度是 13。抓物体时起到重要作用的拇指、食指、中指的自由度都是 3，无名指和小指的自由度都是 2。各指尖内装有六轴力量传感器，手掌内装有触觉传感器。

新型"ASIMO"实现了对多人同时说的话进行区分的能力。

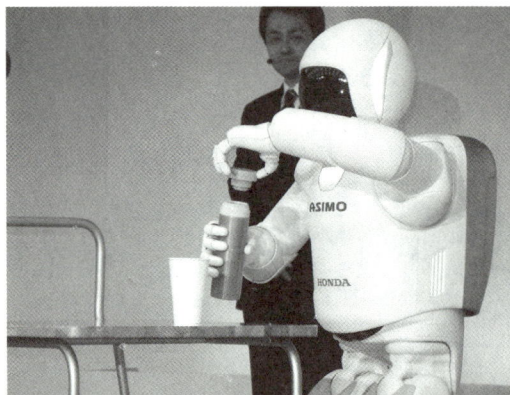

图 45　可以打开水壶的盖子、拿起纸杯
实现了独立控制各手指的小型机器人手。在开杯盖的时候，利用安装在各手指顶端的力量传感器，控制各个手指使它们力量均衡。

在新型"ASIMO"上的不同方向配有 8 个麦克风，这些麦克风所收录到的声音会因方向的不同而有所差异。为此，机器人会根据方向，通过产生的差异对声音进行分离，然后通过去除麦克风收录到的相同的部分，分离多个人的声音。

TAKUBO 工程
用壁挂机器人进行旋转式涂装在业界掀起风潮

▶ 其强大的秘密

以搭载喷漆枪的壁挂型机器人和使工件高速旋转的涂装技术为核心，TAKUBO 工程开发制造了自己独特的涂装系统。在高生产性和低耗能两方面领先其他公司的产品。特别是此系统在手机外壳等小型产品方面有很大的优势。

TAKUBO 工程，是适用于以手机为首的信息终端的外壳及汽车内部装饰等小型产品的机器人涂装系统的制作商。公司根据顾客要求的生产量以及品质为顾客提供量身定制的标准系统，韩国 Samsung Electronics 公司的手机的 90% 以上都是由 TAKUBO 工程的定制系统进行涂装的。实际上，该公司是在手机涂装系统方面紧握着 20% 的世界市场占有率的世界龙头企业。

此涂装系统，是为了处理从工件剥离涂装到干燥等一系列工序。一般来说，由传送带、涂装间、涂装机器人、干燥系统、紫外线（UV）处理系统等构成。涂装机器人上使用的是搭载了喷漆枪的落地式平衡臂。

　　对此，该公司的核心产品"SOFTBOY"系列，采用了在壁挂机器人的手臂上搭载喷漆枪的独特形式。在此基础上，该公司通过被称为"R技术"的涂装方法实现了高生产率。

▶ 慢涂、速完工

在 SOFTBOY 中，圆环状的夹具外围安装有多个工件。这些工件通过传送带进入涂装间，夹具高速旋转后形成圆环状涂装面。搭载了喷漆枪的机器人在涂装间跟随传送带上缓慢移动的工件，对圆形涂装面进行涂装。通过这样的方法，薄薄的涂装面被反复多层涂装，后形成涂膜，这就是 R 技术（图 46、图 47）。

"很多厂商为提高生产率而缩短涂装时间，可是快速涂装也不是好事。"TAKUBO 工程董事、技术部长西川俊博说。加快涂装速度，不仅容易涂装不均匀，还会浪费更多的涂料，增大电耗。

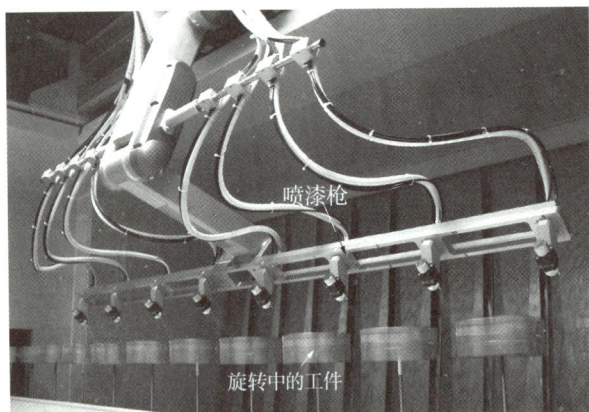

喷漆枪

旋转中的工件

图 46　安装了 8 把喷漆枪系统的涂装间
　　使用搭载了 8 把喷漆枪的机器人手臂进行同时涂装。图中正在旋转的是工件（手机），一个夹具上约装有 10 个工件。

对此，应用通过多个工件形成一个涂装面的 R 技术，可以同时涂装同一位置上的多个工件，在一个工件所需的涂装时间不变的情况下提高生产效率。增加喷漆枪数量的话，每单位时间内的生产数量也会大幅增加。实际上，现在的产品主要以 4 臂和 8 臂两种喷漆枪机器人为主。例如，在涂装手机时，1 个夹具上大约装有 10 个工件。1 把喷漆枪完成一圈涂装所花费的时间大约为 45 秒，也就是 4.5 秒 1 个。4 把喷漆枪的涂装速度就是 1 把的 4 倍，8 把喷漆枪就是 8 倍。

此外就是节能问题。手机的涂装有多种形态。例如，有将多个工件在大网上进行排列，再一边移动喷漆枪一边进行一次性喷涂；将工件放在传送带上依次进行喷涂等。不论是哪种方法，每个工件都会消耗大约 2.3g 的涂料。

然而，应用了 R 技术的涂装系统，只需要消耗大约一半，也就是 0.85g 的涂料就可以完成涂装。机器人手臂只需跟随（横

图 47　手机外壳的工件

如图，涂装过程中将工件放在圆环状夹具的外围，然后让夹具高速旋转。

图 48　注射泵

通过医疗用的注射泵将涂料喷出，可以精确地控制涂料的喷出量，减少浪费。

向移动）传送带移动就能进行涂装。而且，尽管要对多个工件进行涂装，但因为高速旋转后的涂装面变成了一个，几乎不会浪费涂料。

此外，因为涂装臂不需要进行大的动作，对于机器人的修正也变得简单，所以提高了涂装精密度。而且和一般的工业泵相比，因为采用的是可以对喷涂量进行细微调整的注射泵[①]，对减少涂料浪费也起了一定作用（图 48）。

---

① 注射泵是医疗界中用于静脉点滴注射的泵。是将药剂持续不断地填充进注射器的装置。通过用微处理机控制的发动机移动注射器实现液体推送量的高精度管理。

▶ 轻是关键

作为热风干燥炉销售代理店，TAKUBO 工程成立于 1975 年，进入 20 世纪 80 年代后转型为以制造和销售涂装机为主。企业最初的转机出现在和普利司通公司进行业务合作的 1986 年。TAKUBO 工程将普利司通公司的重量为 38kg 的壁挂式机器人试制品加入涂装系统。这成为 TAKUBO 工程飞跃的契机。

当时主流的落地式涂装机器人的重量约为 1t，但普利司通公司的壁挂式涂装机器人试制品的重量还不到它的 1/25。TAKUBO 工程董事长佐佐木荣治对 38kg 的重量感到非常吃惊，表示"用于涂装再适合不过了"，并决定采用。

然而，试制品机器人仍存在许多难题。特别是其驱动操作采用的是空气操作而不是马达。也因为这个原因，横向移动的速度只有 1.0m/s，甚至不到一般产业用机器人移动速度的一半，重复精度也很低。因此，TAKUBO 工程花费了大约半年时间对试制品进行改造，将一部分的操作结构换成了机动，最终打造出了涂装机器人。这就是业界最初的壁挂式机器人，它也为该公司今后的机器人涂装系统奠定了基础 ①。

当时，TAKUBO 工程的壁挂式机器人和落地机器人一样，通过大幅度挥动机器人手臂进行涂装。然而，在该公司于 1996 年，确立并导入了旋转式涂装技术也就是 R 技术之后，机器人的生产效率和节能性能都得到了大幅度提升。为此也扩大了 SOFTBOY 的销路。

---

① 那之后，因为普利司通将机器人事业转给其他公司，合作被取消了。

▶ 只在涂装间使传送带静止

TAKUBO 工程继现在的主打产品 4 把 / 8 把喷漆枪涂装机器人之后，又开发出了单位时间内生产效率可再次得到提高的、可以搭载 12 把喷漆枪的涂装系统。此系统是为应对中国现今生产需求量巨大的手机市场。

而且，此次开发的新涂装系统，并不只是单纯增加了喷漆枪的数量，还导入了具有存储（停留）功能的输送链、被称为"一条龙生产线"的新系统，有控制安置空间的特征。

现行的传送带跟随方式的优点，是可以将涂装及其前后工序等进行连续的运作处理。但是，喷漆枪的数量增加后，机器

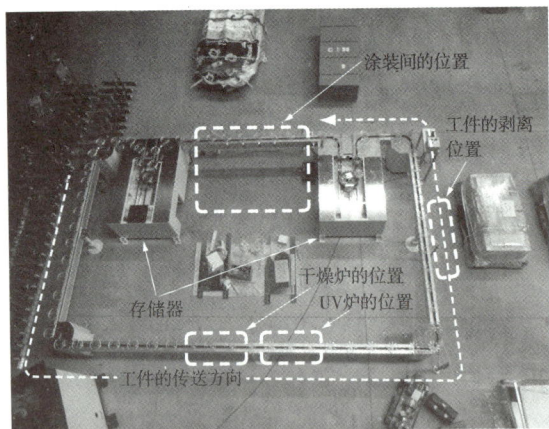

图 49　调整中的一条龙生产线专用的传送带

整个传送带以每分钟 1.63m 的速度持续移动，通过使工件在存储器停留，在两个存储器中间的涂装间内，使工件静止然后进行涂装。照片中为 4 把喷漆枪型机器人，适用于手机涂装生产线的传送带。

人的安置空间和移动空间也必须增加，因此涂装间也需要扩大，整个涂装系统都不得不扩大规模。扩大涂装间的话，温度的调节和空调的负荷也会增大，节能的优势也就减弱了。

因此，一条龙生产线中，对于工件的剥离、干燥、UV照射等涂装前的工序，会按照往常的速度移动传送带。另一方面，只有进行涂装工序时，使用使工件静止的特殊结构（图49）。具体来说，就是为了在涂装工程开始前后设置使工件停留的地方，让传送过来的涂装前的工件聚在一起，涂装时把工件归在一起，送进涂装间。涂装时一边旋转圆环状夹具一边进行涂装的这一点和之前相同，但在涂装间内的传送带停止的状态下进行涂装，涂装结束后将工件归在一起再送出。也就是说，这是一种对涂装工序进行批量处理，对前后工序进行连续处理的混合型系统。

应用一条龙生产线的话，因为机器人手臂没必要跟随传送

图50 应用了12把喷漆枪的涂装机器人的涂装系统的完成预想图

与以前的跟随型传送带不同，为了使工件静止然后进行涂装，涂装间的宽度变成了4.2m，比原来的8把喷漆枪的涂装系统（5.2m）更短了。

带移动，涂装间的大小就会得到控制，在不需要大幅增加涂装间内的排气量的基础上还提高了生产效率。按照从前的方式，8把喷漆枪机器人系统扩展到12把喷漆枪机器人系统的话，涂装间宽度需要从5.2m扩展到7.8m，大约1.5倍。但应用一条龙系统后，即使是使用12把喷漆枪机器人，涂装间的宽度也比使用8把喷漆枪机器人时短，为4.2m。

现在，一条龙生产线虽然只应用于12把喷漆枪生产线，但因为这种方法有望降低运营成本，预计今后也会将其应用于4把喷漆枪和8把喷漆枪生产线（图50）。虽然一条龙生产线的应用使成本提高了一些，但是作为战略产品，将考虑以和之前产品相同甚至更低的价格进行销售。

03 核电站事故后的援助工作

将机器人投入到处理核辐射事故的工作中

"我们考虑在有高辐射的、人很难进入的地方投入机器人。"东京电力表示。在东日本大地震中，东京电力福岛第一核电站的事故发生后大概一个月，机器人并没有被真正地利用起来，但基于其适用性，机器人将会被灵活地应用起来。

东京电力称，在此次核事故中最早采用机器人是在 2011 年 4 月 1 日。在处理堆积在发电所 3 号机建筑物旁的瓦砾时，为了拍摄照片，使用了美国 iRobot 公司研制的 "PackBot" 机器人。

但是在那之后的 2 周多的时间里，再没有有效地利用机器人。主要原因有以下几点：现场混乱，加之与机器人供应商之间没有信息交流，还有就是日本原本没有可以在强辐射条件下工作的营救机器人等 ①。

---

① 太空机器人专家宇宙航空开发机构（JAXA）的机器人技术研究团队工程师加藤裕基说，在高放射线下，①半导体设备中的 N 型和 P 型的绝缘被破坏的现象［Single Event Latch up（SEL）］，②记忆内容［1］［0］发生的反转现象［Single Event Upset（SEU）］。①和②合起来称为 Single Event Effect（SEE）。未曾设想过在此种状况下的日本国内机器人的运转。

▶ 正在有条不紊地推进投入准备工作

以上列举的造成机器人不能被利用起来的原因正在被逐渐消除。首先，由远程控制化的项目组（以下称远程控制 PT）加强和机器人供应商的信息交流。远程控制组是致力于将可进行远程控制的机器人投入到事故现场的团队。此次事故发生以后，该团队是由日本政府和东京电力事故对策统合本部设立的，起到连接现场和机器人供应商之间的桥梁的作用。

远程控制组成员、应对灾害机器人技术特别工作组调查主任、东京大学研究生院工学系研究科教授浅间一称："远程控制组的一部分成员一直在进行很频繁的协商，并陆续提出了很多可以起到作用的机器人提案，而且积极地要将这些方案用于实践。"

实际上，一些机器人的投入准备正在有条不紊地进行中，除了前面提到的 PackBot 外，还包括 iRobot 公司的"Warrior"和后面将提到的日本国际援救系统研究机构（IRS）等的"Quince"改造版。能够使美国 Bobcat 公司的输入程序实现远程操控的美国 QinetiQ North America 公司的系统也是候补之一。

以上所述的那样，各种机器人的投入准备工作正在有条不紊地进行中，PackBot 的应用也进入了正式阶段。

2011 年 4 月 17 日，东京电力再次将 PackBot 投入到了核事故现场（图 51），将其应用于测定福岛第一核电站 1 号机和 3 号机的建筑物内的放射线量和环境温度、湿度、氧气浓度等。两台 PackBot 中，一台用于测定，另一台用于监测作业，并在叶

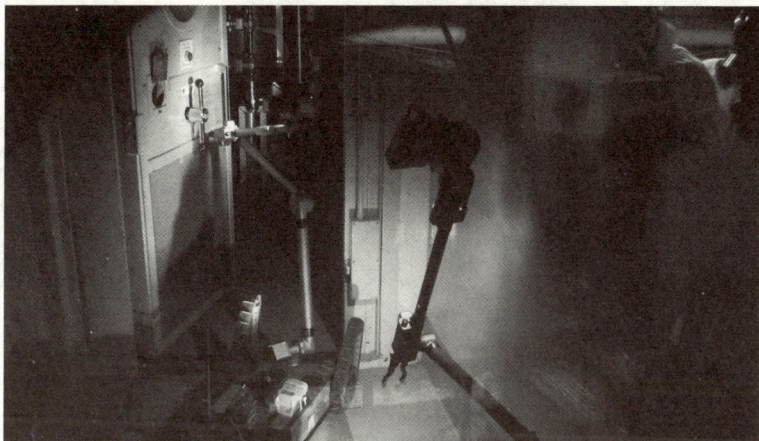

图 51　进入福岛第一核电站 3 号机的建筑物内，正要打开房门进行远距离操作的机器人 PackBot（美 iRobot 公司生产）

照片由东京电力提供。

轮机厂房的玻璃窗外进行了远距离操作。第二天，在原子炉反应堆安全壳有部分漏水和破损危险的 2 号机建筑物内也投入了 PackBot，并进行了同样的调查。

▶ **IRS 等对 Quince 的改造**

日本国内致力于将机器人应用于核事故的团队由 IRS、千叶工业大学、东北大学、信息通信研究机构、产业技术综合所、新能源/产业技术综合开发机构（NEDO）等组成。该团队在事故发生后，用三周时间，将既有的援救机器人 Quince 改造为适用于核事故工厂内的机器人（图52、图53）。

由于核事故工厂内的情况、放射线量的信息不够充足，改造后的机器人是否适用仍不明确，但还是将其改良成在2km 以外也能够探查厂房内情况的机器人。此外，根据宇宙

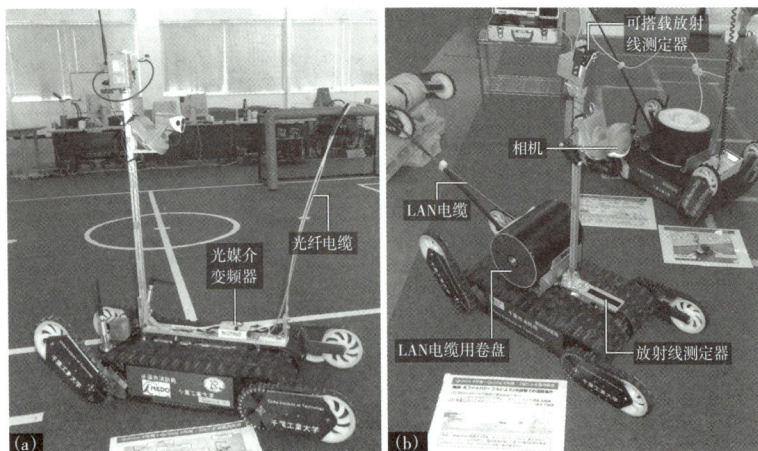

图52　使用中转机器人方式的改造版 Quince
（a）是中转机器人。（b）是进入建筑物内的机器人。远距离和中转机器人进行通信时使用的是无线；中转机器人和进入建筑物内的机器人进行通信时使用的是光纤电缆。

机器人专家的建议，该团队在尽量减少放射线对机器人产生的影响上做了努力。

Quince 原本就有在瓦砾、楼梯中良好地行走的性能，又搭载配备了温度记录、放射线测定器、有摇摄/倾斜/变焦功能的相机和 3D 扫描机。基本的行动部分有防水性能。福岛第一核电站的厂房内还留有海啸造成的积水，机器人必须能应对高持久性放射线、具备线量率的测定功能及在厂房内反复行走的机动力、防水性等。浅间称："3 号机的厂房内有较陡的楼梯和瓦砾，具有良好的行动性能的 Quince 有可能在 PackBot 无法进入的地方发挥作用。"

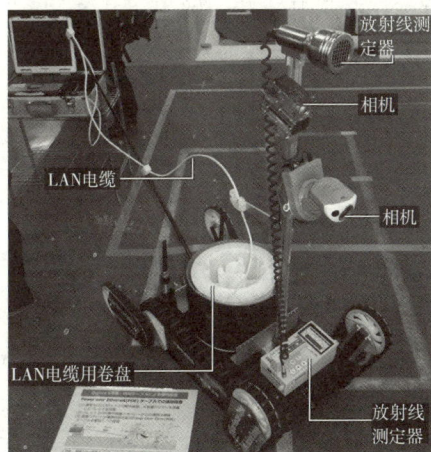

图 53　使用中转托盘方式的改造版 Quince

　　所看到的这台机器人是将 Quince 进行改造后进入建筑物内的机器人。远距离和中转托盘进行通信时使用的是无线；中转托盘和进入建筑物内的机器人进行通信时使用的是光纤电缆。

▶ 中转过程中有效利用其他机器人

考虑到要在距离 2km 的地方进行远距离操作，首先采用的是投入两台机器人的方式。将一台放在厂房的入口处作为中转机器人，该机器人通过光纤电缆与进入厂房内的另一台机器人通信。中转机器人得到总务省的许可，搭载了 1W 的高输出功率的无线通信机器，操作人员通过中转机器人与厂房内的机器人通信。光纤电缆采用的是长 200m 的树脂材料，可以承受 600N 的张力。

另外一种方式是，采用搭载了大容量电池和无线通信机器的可移动型中转托盘和进入厂房内的机器人进行组合。中转托盘和机器人间的通信采用的是能够提供 25W 电力的 LAN 电缆。关于 Quince 的可能的连续驱动时间，持续行驶时大概是 2 个小时，定点操作时大概是 6 个小时。

考虑到机器人要在高放射线下运作，采取了一系列应对措施，例如关于摄像元件寿命缩短的照相机，用铅板覆盖镜头以外的部分等，通过镜子进行摄影以避开直接放射线。而且要根据现场情况，不断追加相应的应对措施①。

---

① JAXA 的加藤提到，关于 SEE，要使用对抗放射线性强的"抗辐射物质"元件；使用集聚度低的处理器；采取在设置监视回路后，如果电流值上升或通信中断，立即切断电源使其得到恢复的对策等。关于 SEU，有三重插入与存储器相同的程序并进行频繁地检查的对策。TID 的对策是，因为批量不同，半导体元件对放射线的耐辐射性也不同，所以除了用铅遮蔽回路周围等，还采用放射性实验后，被证实没有使用问题的批量的元件。

用陆续出现的核电事故机器人能否推进事故后的恢复工作
四足步行型机器人在投入使用后出现问题

　　以在东京电力福岛第一核电站使用为目的开发的日本产机器人正陆续出现。2012 年 11 月到 12 月，东芝、三菱重工、日立工程和服务（本公司在茨城县日立市）、日立建机分别公布了各自的新型机器人。

　　在此之前，为确认建筑物内的情况及对放射能进行测定，核电站一直使用的是美国产机器人。但是，"今后，栏杆和管道的切割、障碍物的移除、清除放射性污染、修补等建筑物内部的重建作业会急剧增多"。三菱重工核能事业本部核能机器设计部装置设计课课长细江文弘这样说道。每种新型机器人，都是以担负这种建筑物的内部作业为目的开发的。

▶ 四足步行型和双臂型之间的竞争

东芝开发的机器人，因为有用四足步行的特征，对于避开障碍物和在崎岖不平的路面行走方面的性能很突出（图54）。而且可以搬运最大重量为20kg的机械材料上下楼梯。

灵活运用这个性能，就可以将搭载了相机的小型行驶车搬运至调查地点，或配备上多关节型机器臂等实施各种作业了。

另一方面，三菱重工业开发的"MHI–MEISTeR（领导者）"则是配备了双臂的双臂型机器人（图55）。这种手臂是和人类的手臂一样具有能活动的七关节类型，在手臂前端安装有各种各样的工具，可以进行很多复杂的作业。

首先按照该公司的设想，是采运核电站建筑物内部的混凝土墙壁和地板等样品。如果使用手臂前端安装的公司独自开发出的旋转工具，就可以回收混凝土墙壁等甚至厚度是70mm的圆柱状样品。将这些样品带回并进行分析，就可以知道混凝土墙壁的污染程度。这些数据，在制订建筑物内部混凝土的处理计划时会起很大作用。

此外，因为使用两条手臂，这种机器人可以一只手紧握管道，另一只手对管道进行切割作业，或者两只手同时进行安装不同工具的两种作业。该公司表示"期望未来将其应用于焊接作业"。

日立工程和服务、日立建机开发的"ASTACO-SoRa"也是双臂型机器人。具有单臂最大负重约150kg的特征（图56）。

此机器人是日立建机基于已经在一般的分解作业、灾害救

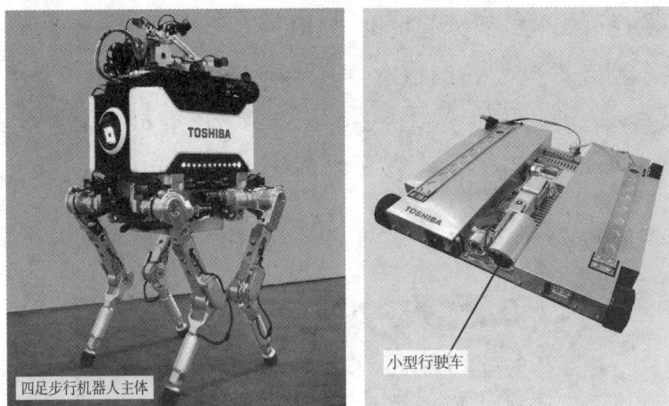

图 54　东芝的四足步行机器人

　　左图为机器人的本体，具体说明如下：外形尺寸为长 624mm、宽 587mm、高 1066mm。重量为 65kg。最大移动速度可达每小时 1.0km。载重为 20kg。可上下高度在 220mm 以内的台阶。图右为搭载了照相机等的小型行驶车。

图 55　三菱重工业的双臂型机器人"MHI-MEISTeR"

　　以采运建筑物内部的水泥样板或用两臂进行切断管道等作业为开发目的。主要说明如下：外形尺寸为长 1250mm、宽 700mm、高 1300mm。重量为 440kg。最大移动速度可达每小时 2.0km。单支手臂可搬运 15kg 的物体。可上下高度在 220mm、倾斜度在 40 度以内的台阶。

援等取得过成效的双臂起重机"ASTACO"开发的，外表看起来也像小型起重机"ASTACO"。其手臂前端可以安装切割工具、抓拿工具、旋转工具、相机长胶片臂等，因此可以用于进行清除瓦砾、搬运机械材料、设置防护体等工作。从2013年开始，此机器人就以用于福岛第一核电站建筑物内部作业为目标。

图56 日立子公司开发的"ASTACO-SoRa"双臂型机器人

以已经取得实际成绩的起重机为基础开发的机器人。单支手臂可搬运150kg的重物和大型物体。外形尺寸为宽980mm（到1280mm），长1570mm，包括手臂在内的最低高度为1500mm（除去凸起部分），重量约为2.5t。行驶速度约为每小时2.6km。

▶ **检查通气管道的难题**

三种机器人各有各的特性，如果能灵活运用这些特性，就可以进行多种作业了。

但并不是说只要使用这样的机器人，就能一下子推进核电站建筑部内部的作业。三种机器人中的东芝四足步行机器人，率先被投入到了福岛第一核电站的调查中。然而，调查过程中却发生了让人进退两难的事故。

东京电力用东芝的机器人搬运搭载了照相机的小型行驶车，于 2012 年 12 月 11 日开始进行对原子炉建筑物内部的通气管下部的漏水调查。然而，调查的第二天，也就是 12 月 12 日，便因四足步行机器人停止移动而终止了调查。东京电力说，机器人停止移动的原因，是机器人的一只脚被嵌进了工厂和成套设备的楼上人行道的铜格板（有孔的格子状板）中。

东芝本公司称四足步行机器人的特征虽然有前文所提到的跋涉能力突出的这一点，但这次事故是因为出现了意料之外的情况。该公司在将此次事故判断为并不严重的事故后，采取了在孔板的上部放一块板的对策，然后在事故发生后的第 6 天，即 12 月 18 日再次展开了对通风管的调查。但这一次，将小型行驶车放在地板上的机器臂突然停止了移动，于是不得不再次中断调查（2012 年 12 月 19 日）。

不只是东芝的这个例子，想在狭窄又有障碍物的原子反应堆建筑物内实施远距离操作绝非易事。因为在实际应用时，会有适用范围上的限制，所以今后有必要配合应用状况进行具体评估，不断深入研究最合适的使用方法。

在全日本范围内开发核电站机器人
提高在现场的实践能力

　　该机器人由东芝、日立制作所、三菱重工三大企业和由大学创办的风险企业移动机器人研究所（本公司在千叶县习志野市）、CYBERDYNE（本公司在茨城县筑波市）共同开发①，并公开了多个核电站机器人及装置。它们都作为成果报告在新能源、产业技术综合开发机构（NEDO）于 2013 年 2 月 20 日举办的"应对灾害无人化系统研究开发工程"上被公布。核电站机器人的开发将汇集全日本体制下的技术，并以在东京电力福岛第一核电站的建筑物内投入使用为目标。

---

① 千叶大学未来机器人技术研究中心副所长小柳荣次任移动机器人研究所的董事长，筑波大学大学院教授山海嘉之任 CYBERDYNE 的 CEO。

▶ 集结了各公司的优秀技术

迄今为止，虽然已经有机器人被投入到了核电站中，但只能在1楼对核辐射进行测定。这次的工程基于以往的经验，从东京核电站获取了台阶的宽幅、倾斜度等建筑物内部的详细信息，以这些信息为基础，不仅是机器人，包括辅助装置和基盘／共通技术在内的综合系统，都提高了在现场的实践能力（图57）。

"利用此机器人的目的是解决至今仍未能着手的对2楼和3楼放射线的测定，及确定因放射性物质导致污染的地下水的漏水处"（NEDO）。为了了解机器人需要具备何种程度的性能，以及什么样的事故有发生的可能性，千叶工业大学建立了再现建筑物内部构造的实验设施，以确认机器人、装置的运作、翻

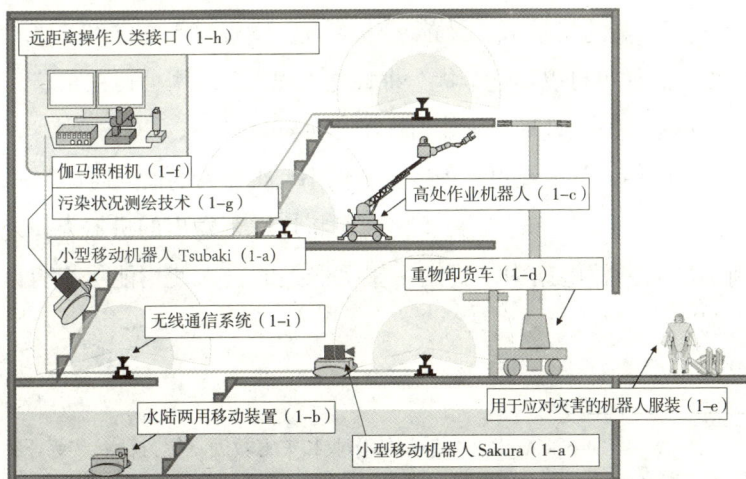

图57　各种机器人与装置的合作

越性，同时推进机器人的开发。

例如，为测定 2 楼和 3 楼的放射线，需搭载了放射线测定装置的机动性能优越的小型移动机器人，但仅靠它是不够的。为确保小型机器人的移动路线，还必须去除瓦砾、将门打开这样的操作。所以这次工程还致力于对辅助移动机器人行动的装置等的开发。

例如，移动机器人研究所开发出的小型移动机器人"Tsubaki"，在搭载重伽马射线测定装置的同时，可以向 2 楼和 3 楼移动，但如果移动的道路线被瓦砾掩埋就无法发挥其性能。为此，并发出了确保 Tsubaki 通行道路的高处作业机器人及卸较重货物的大车（表 3）。

高处作业机器人是由三菱重工开发的，将梯子拉伸后最高可达 8m，使七关节型机器人的作业成为可能。例如，2 楼有妨碍机器人通行的管道的话，可以将管道切断。

另外，东芝除致力于开发高处作业机器人外，还致力于开发机身重达 4t 的机器人，及能运送装置、物资等至 2 楼和 3 楼的卸货车。如果可以用这个货车将日立工程服务（本公司在东京）、日立建机开发的处理瓦砾能力优越的机器人"ASTACO-SoTa"[1] 送进高层的话，就能在更大程度上确保小型机器人的道路通畅。

NEDO 称，"东京电力正在商讨将这次开发出的机器人投入到福岛第一核电站中，我们希望机器人的投入使用能尽快得以实现"。

---

[1] ASTACO-SoTA：以在一般解体作业和灾害救助支援方面有实际业绩的建设机械为基础改造而成的机器人。去除瓦砾的能力高。与 NEDO 工程无关，是另外开发出来的。

表 3　应对灾害的无人化系统研究开发工程中开发出的主要技术

种类	移动机器人		支援技术			基盘、共通技术			
对应的图中的编号	1-a	1-b	1-c	1-d	1-e	1-f	1-g	1-h	1-i
名称	小型移动机器人 Tsubaki、Sakura	水陆两用移动装置	高处作业机器人	重物卸货车	用于应对灾害的机器人服装（HAL）	伽马照相机	污染状况测绘技术	远距离操作人类接口	无线通信系统
外观									
开发机构	移动机器人研究所	东芝	三菱重工	东芝	CYBE-RDYNE	日立制作所	千叶工业大学	东芝	日立制作所
特征和用途	Tsubaki以搭载伽马照相机等重测定装置为开发目的。搭载着重约80kg的伽马照相机、20kg照相机方向调整构造、41kg缩放仪（共计约140kg）在较陡的台阶上进行升降。Sakura能在有污染积水的地下一层，宽幅为70cm、倾斜角为42°（与地上台阶相比它窄21cm，陡2°）的台阶上顺利升降。搭载的照相机有利于其把握状况	能够自主地移动到地下一层的通风管的地方，还能够潜入被污染但给水淹没的部分进行检查。搭载有2个防水麦克风（立体声），多普勒流速计、光学照相机、超声波照相机等。用防水麦克风和多普勒流速计检测出水流后，靠近目标位置后使用光学照相机和超声波照相机检查通风管等的破损、异常状况。超声波照相机在水混浊的情况下也能进行摄像	车体用四轮驱动、四轮操能方式进行驱动，在高放环可不接近的地方，可对其进行检查。搭载有镶嵌的5层伸缩梯（可伸缩式梯子构造）、其前端装备有七关节型机器人。梯子可伸缩的最大限度为：高8m，可以在2楼和超近进行作业。将梯子收缩、调整机器人的姿势后可以实现地面作业。重量为4t	是一种能将重物最高举到30m处的自行式卸货车。现在正在开发中。最大承重量达4t,能够将1-c的高处作业机器人送进核电站建筑物内的3楼。货架上搭载了旋转构造，可以从前后左右四个方向搬运物。用支撑构造或锚与建筑物进行固定以防止倾倒。外形：宽幅4m,深9m、高4m	面向机器人在事故现场的应用，对在看护现场等辅助人的机器人服装进行了改造。此服装可对着装者的身体各处，读取其自身发出的信号，然后通过控制构架来辅助身体的移动。以移动重物作业等为设想的目标。另外通过追加遮挡放射线功能，向衣服内输送冷气的功能，提高了其作业性能	能够在300mSy（西韦特/h）的高射线率环境下（与以前产品所能承受的射率相比，多20倍）对伽马射线的强度进行测定。因为镶嵌的线量率为300mSy/h很高，也就是说，还搭载了减轻周围放射线影响、以提高测定精度遮挡放射线的铅版。遮挡放射线的铅版的厚度是4—6cm，为遮挡构造最优化，重量控制在了约80kg	通过综合伽马照相机获得的射线测定数据和线量率数据，以及激光扫描获得的空间形状数据，来测绘建筑物内的放射物的放射分布和温度分布。也可以实现建筑物内什么地方、有什么样程度的放射线的可视化。该技术由该大学的未来机器人技术研究中心开发	这是针对远距离操作开发出的机器人的人类接口工程。可利用商业键盘，统一操作任何一台机器人，使它们前后移动、旋转。照相机操作方法也是统一的。据此，能有效利用操作作业员的资源。通过合成设置在前后左右四个方向的鱼眼镜头的画像，一边看从正上方俯视时拍到的画像，一边对机器人进行操作	通过应对两种不同的频率数据,提高通信的稳定性。机器人、装置和无线中转局间用无线通信。无线中转局间是有线通信。这样实现对机器人进行远距离操作。如果弄断了，中转局间也可以用内置电池进行无线通信。中转局的搬运/设置/电缆的连接是通过远距离操作机器人来进行

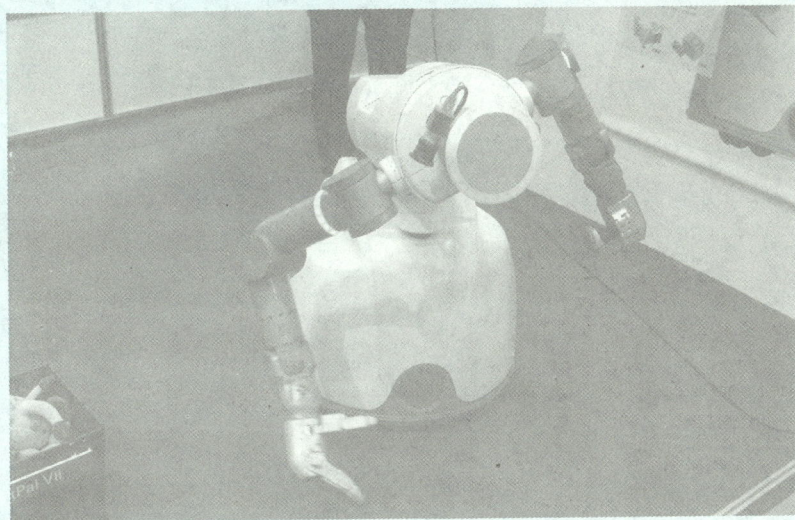

04 安全性规格

为实现实用化，要保证生活辅助机器人的安全性
国际规格将在 2013 年春季前后公布

　　不同于与人类隔离进行作业的产业用机器人，应如何确保与人类接触较多的机器人的安全性呢？

　　在实现对研究开发较为活跃的辅助护理、社会福利、家务等的机器人（生活辅助型机器人）的实用化过程中，必不可少的安全保证的规则和基准正在被逐步推进和完善。

▶ 确定试验项目与试验方法的目标

这其中最重要的，也是技术人员必须注意的有两点：一个是国际标准化机构（ISO）计划制定的，规定关于生活辅助机器人特有安全性的试验评定方法的国际规格"ISO13482"。另一个就是新能源/产业技术综合开发机构（NEDO）推进的"生活辅助机器人实用化进程"（2009—2013年度）筹划的，生活辅助机器人的安全基准（关于安全性的试验方法、顺序、基准等）（图58）。

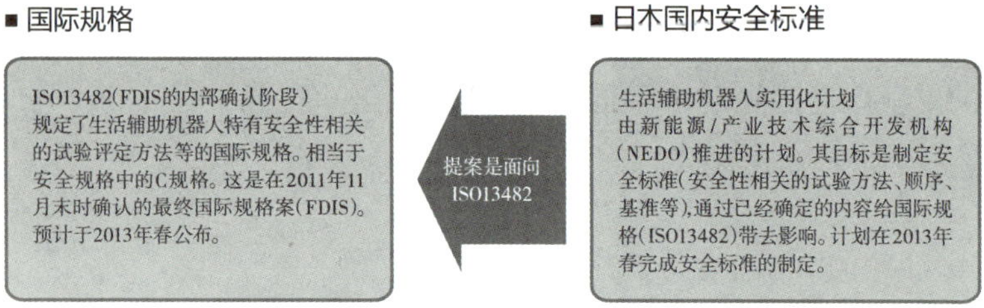

■ 国际规格

ISO13482(FDIS的内部确认阶段)规定了生活辅助机器人特有安全性相关的试验评定方法等的国际规格。相当于安全规格中的C规格。这是在2011年11月末时确认的最终国际规格案（FDIS）。预计于2013年春公布。

提案是面向ISO13482

■ 日本国内安全标准

生活辅助机器人实用化计划由新能源/产业技术综合开发机构（NEDO）推进的计划。其目标是制定安全标准（安全性相关的试验方法、顺序、基准等），通过已经确定的内容给国际规格（ISO13482）带去影响。计划在2013年春完成安全标准的制定。

图58　以生活辅助机器人为对象的、确保安全的规格和基准的制订工作在推进中
将通过在生活辅助机器人实用化计划中制定的安全基准向ISO进行提案。

ISO13482被定位为C类型安全规格，以医疗机器人以外的生活辅助机器人为适用对象[1]。熟知机器人安全性的产业技术

---

[1] ISO和国际电气标准会议（IEC）的规格中，安全规格由A、B、C三类构成。A类是以大范围的制品、程序、服务为对象，规定了安全方面的基本概念、原则、要求事项等（基本安全规格）。B类适用于类似制品、程序、服务群的"组安全规格"。C类适用于特定制品、程序、服务群的"制品安全规格"。

综合研究所智能系统研究部门副部长大场光太郎称，2012年1月中旬，国际规格案（FDIS）将进入最终讨论阶段。预计会在2013年春天前后公布规格。

一方面，生活辅助型机器人的实用化计划虽然是在国内开展的，但实际上还会给国际规格带去影响。该计划在制订关于生活辅助型机器人在日本的安全基准的同时，还会根据已经确定的内容对ISO13482进行提案。

参与该计划的大场称，"我们的目标是2013年春之前确定安全基准。现在，关于搭乘型、自主动作中心移动作业型、操作中心移动操作型、装配型四种类型的生活辅助机器人，查对试验项目的调查和相关规格等的试验方法的探讨大致都已进入最终阶段"（图59）[1]。

搭乘型示例	自主动作中心移动作业型示例	装配型示例
个人/移动性"Winglet"（丰田汽车）	清扫办公区的机器人系统（富士重工、住友商事）	机器人套装"HAL"（CYBERDYNE）

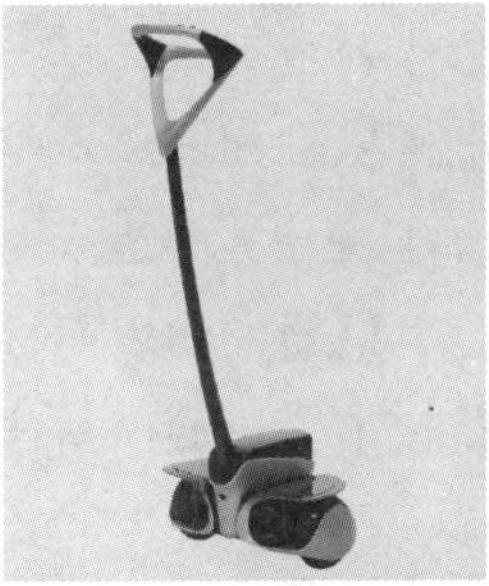

图59 各种型号的生活辅助机器人的示例
所谓操作中心移动作业型机器人指的是装有可操作的机器人臂的移动型机器人。

① 如果新型生活辅助机器人上市，有必要对其试验方法进行商讨。

▶ 平衡风险与优点的重要性

　　生活辅助型机器人的安全规格 / 基准，对于与人类接触较多的机器人的安全性来说是不可或缺的。如以下所举出的例子。

　　比如在屋外近距离移动的搭乘型生活辅助机器人，"必须考虑视觉传感器的精度和受到来自阳光的影响"，大场说。像图像传感器这类的视觉传感器，因为逆光时检测出的画面完全是黑色的，会出现不能检测出任何问题的情况。

　　如果陷入这种状况，将不能判断在机器人的前进方向上是否有人，最糟糕的结果是有可能与人相撞。为避免这样的危险，需要考虑当视觉传感器失灵时，即刻停止机器人动作这样的应急方案。

　　这里有一个难题就是，如果频繁地停止机器人动作，就会有损其原本的优点。所以，现实中"如何平衡风险和优点是非常重要的"，大场说。万一发生冲突了，为了避免给人类造成巨大危害，首先要进行降低机器人的移动速度、机器人的表面材料采用柔软材质等设计上的改进；在风险认识上，对如何与社会保持一致，社会体系方面的研究也是必要的。

▶ 明确使用环境与运行体制

像在有人类出入的场所使用的清洁机器人和保安机器人这样类型的、自主动作中心移动作业型的生活辅助机器人，在设计时要预想到被小朋友用木棒戳或推倒的情况。所以需要考虑降低重心、使机器人不能被小朋友推倒的应急方案。

还有，辅助行走的装配型生活辅助机器人，如果在人关节不可弯曲的方向上给予人不能承受的力量时，是极其危险的，必须有避免这一情况发生的应急方案。而如果是配备了可操作机器人臂的移动作业型机器人，会有机器人臂、手与人发生相撞的危险。发生这种情况时，不仅要压低机器人臂驱动力，还要考虑到不能在机器人臂上安装尖锐物。

虽然安全规格／基准的具体内容现在还不明确，但作为试验项目的一部分被反映出来是很有可能的。

大场指出，考虑到生活辅助机器人的安全性，明确机器人应在何种环境、何种运行体制下使用也是十分重要的。生活辅助型机器人被应用于个人住宅、公共场所、室外等各种环境中。厂商需要决定使用机器人时的运行体制是采用执照制，还是培训制，谋求在构建风险最小化的同时，使商业模式优势最大化。

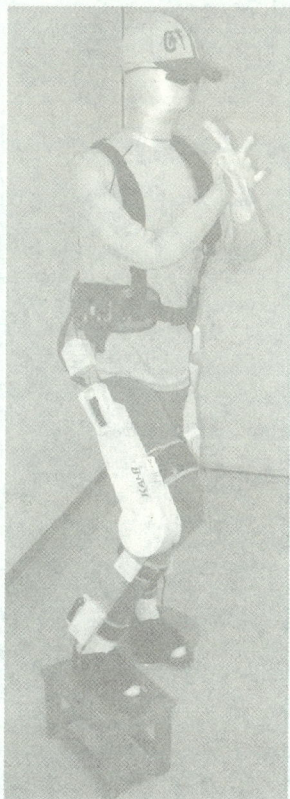

05 在新兴国家的发展

爱普生将产业领域集中到核心业务
"新兴国家对机器人的需求很高"

　　"我们要把产业领域培养成 Seiko 爱普生的一项支柱业务。因为是支柱业务，所以销售额要以 1000 亿日元为目标。"爱普生董事长碓井稔说。该公司早在 2012 年 12 月就打出了强化面向产业领域的业务的方针［图 60（a）］。现在该公司产业领域的年销售额在 100 亿日元左右。首先要在今后的 3 年到 5 年中增加约 3 倍，也就是 300 亿日元左右的销售额。

▶ 以机器人和喷墨打印机为牵引

机器人和喷墨打印机业务作为拉动销售额增长的角色而备受期待。对于前者的产业用机器人，"特别是来自中国市场的需求很大，由于人事费的迅速增长，将机器人引入生产线从而推进自动化的趋势在不断增强"。碓井稔说。

在这样大的市场需求的驱使下，Seiko 爱普生将加强占世界市场份额第一的 SCARA 机器人和小型六轴机器人等。该公司于 2012 年 12 月发布的垂直六轴型产业用机器人的新产品 "C4" "C4L" 就是战略商品［图 60（b）］。C4 的臂部分长为 600mm，C4L 的臂长为 900mm，但两者一次的最大搬运量都为 4kg[①]。适合用于智能手机的生产线、小型零件的精密组装等。"和其他公司的同样长度的机器人臂的产品相比，其自身重量在其他产品的 2/3 以下，占地面积也仅有其他产品的 1/2。"爱普生技术开发本部副本部长平尾英雄说道。该公司已经和海外的 EMS（电子机械委托生产服务）企业等建立了业务往来。

关于后者的喷墨打印机相关业务，通过利用以该公司独特的微压技术为核心的综合喷墨打印机技术，旨在通过纸张、树脂、布、玻璃、硅等媒介降低数字化难度。将开展适用于纸张

---

① 机器人臂长为 600mm 的 C4，在负荷量为 3kg 的情况下的循环时间仅需 0.43 秒，相较于之前缩短了 20%。通过融入抑制震动的该公司的独特技术，使得循环时间得以缩短。基本构造与 C4 相同，但机器人臂延长到 900mm 的 C4L 适合为加工机械进行搬运作业和从小型成型机中取出物品等。C4 的重复精度为 ±0.02mm，C4L 的为 ±0.03mm。

Seiko 爱普生董事长碓井稔

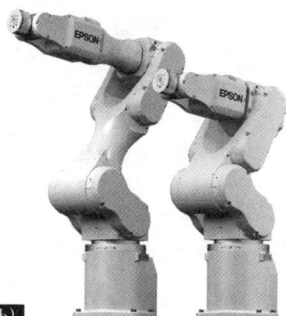

垂直六轴型产业用机器人新产品 C4（右）和 C4L（左）

与其他竞品的比较

	Seiko 爱普生	其他公司产品
臂长	900mm	900mm
机身重量	29kg	48kg
占地面积（相对值）	0.53	1

图 60　强化面向产业领域的事务的 Seiko 爱普生

公司的方针是在今后的 3 年到 5 年间将产业领域的销售额增加 3 倍。要面向伴随着人事费高涨、生产线自动化需求较高的新兴国家市场强化核心领域的机器人，为此要将小型轻量六轴机器人的新产品投入市场。

和胶片的标签印刷机、适用于树脂等材料的标记系统、适用于玻璃的有机 EL 制造相关装置，以及适用于布的印刷机等事业。

另外，该公司还明确了在树脂等产品、零件的表面增加一些可以提高产品价值的装饰，也就是"进军加饰"领域的方针。2012 年年内的目标是将喷墨打印机大型加饰装置商品化。

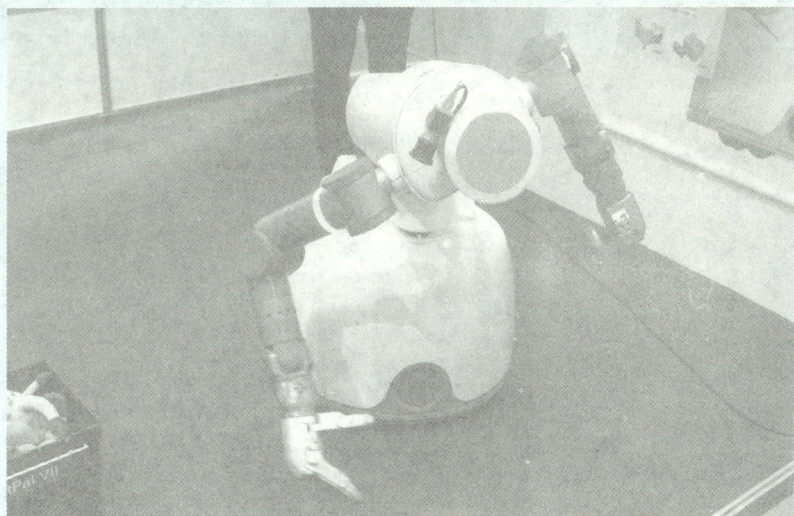

06 智能生产

在 TSUBAMEX 的加工现场，用 iPad 在实物旁立刻呈现出三维模型

　　在 TSUBAMEX（总公司在日本新泻市）的模具加工现场，开始使用美国 Apple 公司的平板电脑终端 iPad。即使对于不擅长进行电脑操作的作业人员，也可以轻松地在现场看到设计信息和生产管理信息，进而提高工作效率。虽然现在仅试用一台 iPad，但如果试用效果好，在工作人员熟练掌握方法后，会加以推广使用。

▶ 达成将生产效率提高十倍的目标

TSUBAMEX 经过长年的试验，目标是将生产率提高 10 倍，以实现能在超短的交货期内交货。大约 15 年前，TSUBAMEX 开始提出倡议，当时设计一个模具的时间约为 20 天，生成 NC 数据所需工时大约 10 天，改革的最终目标是将各自的时日缩短一半。并且在后期的机械加工工序中，利用安装程序自动化及两台加工机同时工作等方式，将加工时间减半，完成工序也争取一次性调试成功，不必再像以前一样需要反复调整。

尽管现在还没有完全达成上述目标，模具的设计时间却已经减少了大约 10 天。构筑设计辅助系统[①] 和生产管理系统[②] 正是实现该成果的有效手段。

---

① 独立定制版三维 CAD "CATIA V5"，具备了可自动生成三视图的功能及和 CAM 的联合功能等 80 多个辅助程序。

② 由 "模具管理系统"（可利用营业信息制作零件表和订购表）、"日程提示"（按照工作人员分配或设备进行划分而制作出的作业指示书）、进度表（与 "估价系统" "实际结果汇总系统" 联合，进而掌握负荷状况）、账目表（在产品设计阶段对模具所需材料费进行的预算）等构成。上述各系统与固体零件信息相关联。

▶ 在后期工程中加以推广，扩大使用范围

　　现在基本上已经完成了上述的系统。剩下的课题是构建可将上述系统中积累的数量庞大的信息在加工现场等后期工程及营业等相关部门灵活加以运用的结构。

　　TSUBAMEX 构建可在电脑上显示出所有电子化信息的 Web 版门户网站系统（图61）。尽管系统不同，也可通过执行统一的操作，看到设计辅助系统和生产管理系统中积累的信息。

　　同时提高了网罗和处理信息的能力，可将手写的报告与传真文件等扫描后数据化，或将三维模型转换成轻量 XVL 数据

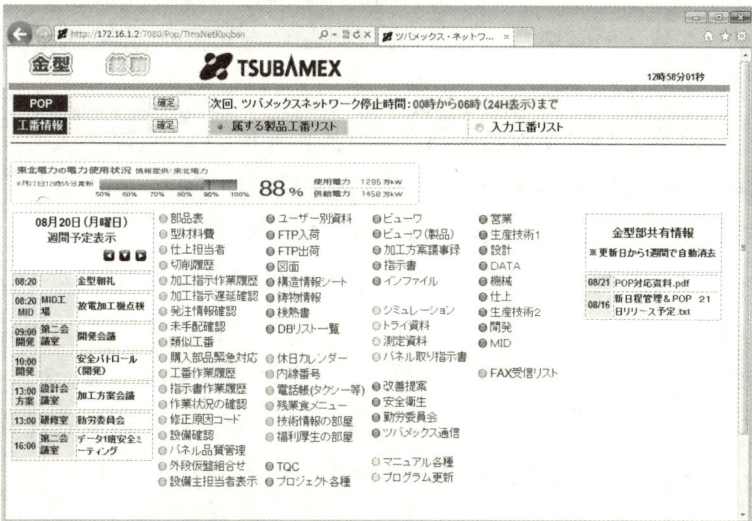

图61　门户网站系统的画面

　　可从 Web 路径参考几乎所有和设计生产有关的信息。当初按照各工程项目进行信息分类，现在变更为以模具为单位参考相关的信息。

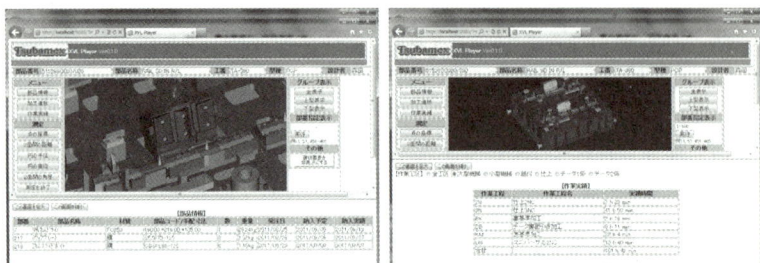

(a)零件信息的确认画面　　　　　　　　(b)工作业绩的确认画面

图 62　独自开发的三维阅览器

个性化显示 XVL 文件的阅览器销售软件，并备有用户接口，以方便用户获取必要的信息。可同时显示出（a）零件信息、（b）实际业绩信息及三维模型。

格式（图 62）。现场操作人员还可以将所需要的信息制作成在计算机画面上显示的门户网站系统，内容涵盖了包括零件信息、入库／出库信息、加工进度信息等生产管理信息在内的几乎所有信息。

现在，该公司模具部门有 120 人，其中的 95 人都使用该系统（图 63）。其结果与 10 年前相比，机械加工方面的工作人员到设计部门进行咨询的次数减少到原来的四分之一。

相反，另外的 25 人对电脑操作抵触，并没有使用门户网站系统。针对这部分人群，采用了让他们使用 iPad 的做法。"iPad 操作简便，很容易被现场接受。"（该公司模具部开发科主任荒景善之）基本上可使用 iPad 显示出与用于计算机的门户网站系统同样的数据（图 64）[1]。

① 然而，现在仍无法在 iPad 上使用个性化定制三维阅览器。可利用其他阅览器打开文件。

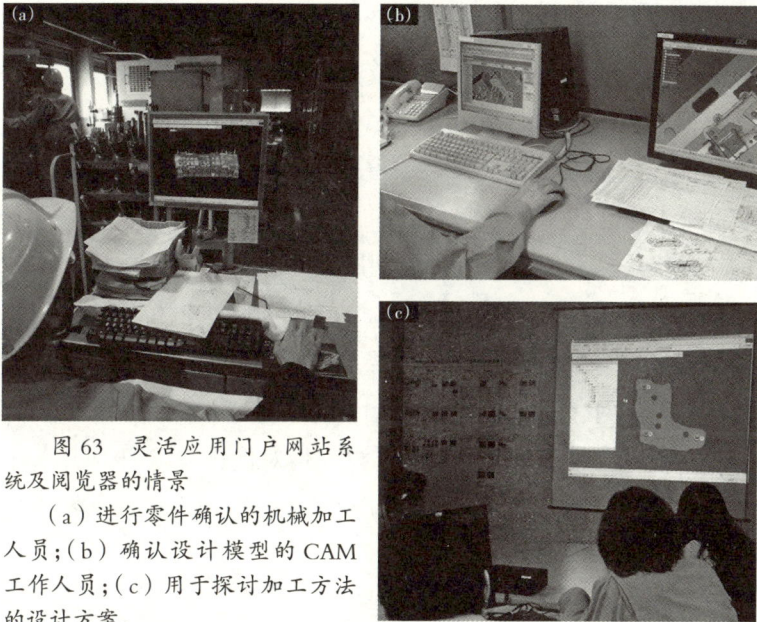

图63 灵活应用门户网站系统及阅览器的情景

（a）进行零件确认的机械加工人员；（b）确认设计模型的 CAM 工作人员；（c）用于探讨加工方法的设计方案。

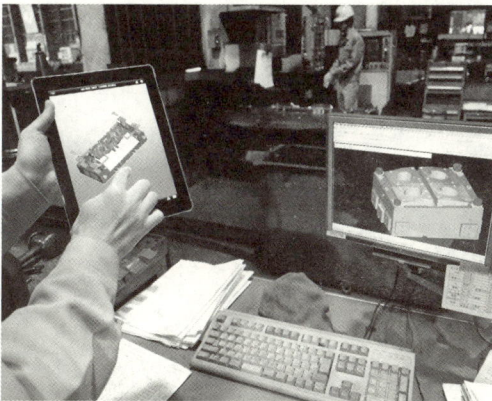

图64 在加工机旁边使用 iPad

需要查看门户网站系统的信息时，如果用计算机，必须回到计算机所在处查看。而使用 iPad，就可以拿到加工机旁边查看。

　　并且，使用 iPad 不必选择特定的场所就可以查看门户网站系统的信息。而即使在现场配备了计算机，与实际的作业场所也会稍微有一点儿距离，实际上很难做到边查看电脑边监控作业过程。而 iPad 的便利性，使得在加工过程中对工件和门户网站系统中的信息加以比较成为可能。

　　不仅是显示信息，同样可利用 iPad 这样的平板电脑终端在现场直接输入信息。例如，输入作业的实际进度。使用计算机无法直接在现场直接输入进程并进行管理，而使用平板电脑终端却可以做到这一点。

　　平板电脑终端的便利性和易操作性对促进现场 IT 应用起了很大的作用。不仅在模具加工方面，在制造现场也渐渐被加以利用。

使用平板电脑终端或音声系统辅助现场作业

　　在工厂的现场作业中，利用平板电脑终端或音声系统辅助作业操作的范围越来越广。但并不是简单地将纸质操作流程或检查表转换成 IT 系统。导入 IT 系统的同时，既可以用来查看图面或作业流程指示书，也可以记入检查表，大幅度降低了作业人员的工作负担。

在实物的旁边查看画面

听声音的指示进行操作，解放出双手

图 65

▶ **参考图纸或进行记录需要花费很大的工夫**

现场的作业人员长期使用纸质文件，参考制造的相关信息或进行工作记录。

可是，由于最近的制品在构造和部件构成上更为复杂，必须在前期生产出少量多品种制品。如果还继续采用目前的纸质资料的管理方法，很难维持信息的最新状态，无法在现场尽快查出必要的信息，已经被认为跟不上当今世界科技高度发展的步伐（图66）。因此，将现场采集到的信息电子化，可以从根本上解决该问题。将作业流程指示书等文件电子化，既可在计

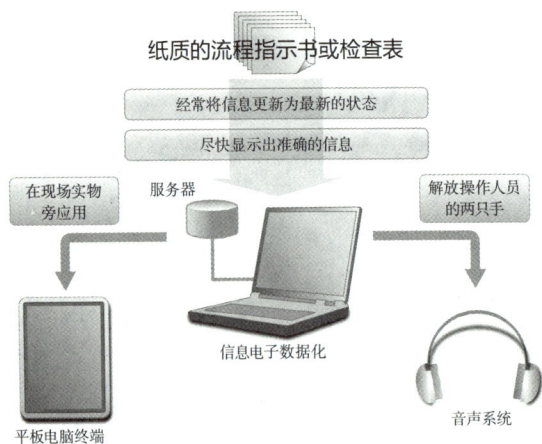

纸质的流程指示书或检查表

经常将信息更新为最新的状态

尽快显示出准确的信息

在现场实物旁应用　　服务器　　解放操作人员的两只手

信息电子数据化

平板电脑终端　　音声系统

图 66　辅助现场作业器械的变革

使用书面的作业流程指示书或检查表时，容易出现传送修改内容时间延迟和查询所需时间长等问题。电子数据化虽然可以解决这些问题，但为了更有效地提高现场作业的效率，可充分利用既方便携带又便于在现场实物旁随时使用的平板电脑终端或不干扰作业者视线和手边操作的音声系统。

算机的显示器上显示，也可以代替手写的检查表，在计算机上
进行检查。

可是，如果仅将信息电子数据化，仍存在几个问题。主
要和现场处理电子数据有关。通常，需要使用电脑等终端查
看电子数据，却不如纸张拿着方便，而且纸张更易于书写。所
以，"要开发方便使用的方案，让作业人员愿意使用终端"
［TSUBAMEX（总公司在日本新泻市）模具部开发科主任荒井善
之］。

近年来，可处理电子数据用的终端和终端的输入输出技术
都得到了大幅度的提高。代表产品有 iPad 平板电脑终端及可处
理声音文件信息的音声系统。以下通过具体的方案实例，了解
应用平板电脑终端和音声系统的情况。

可随身携带的平板电脑

作为提高模具生产性计划的一个环节，TSUBAMEX 构建了
可参考所有与设计、生产有关信息的门户网站系统。现场的作
业人员可当场看到三维模型或由 CAD 生成的三视图、采用何种
工艺加工模具零件的作业指示书、与交货期和进度有关的信息
等内容。

通过整理以三维模型为基础的信息，还可对图纸无法传
达的详细信息进行确认。作为设计信息的三维 CAD 数据能自
动转换成轻量 XVL 三维数据，并可追加各种属性。和生产管
理系统相联，可掌握零件信息、进货/出货信息、加工进展等
情况。而且，启动门户网站系统的阅览器，能够随时查看这些
信息。

该公司为了利用门户网站系统，在现场给每位作业人员

图 67 在加工现场应用 IT 技术

TSUBAMEX 构建了和模具加工有关的所有信息的可视化门户网站系统。并给每位在加工现场的作业人员配备了计算机（a）。整顿成随时可见三维模型等信息的体制（b）。

（每台加工机）配备了计算机（图 67）。开始加工作业前，先在计算机上确认好自己的工作内容，并根据需要参考相关零件的信息。以前如果有不明之处都要询问设计部门，自从开始应用门户网站系统，咨询的次数显著减少。

而且，进展状况的可视化程度也在发展。由于具备了能够输入作业开始和作业结束状态的功能，作业人员可确认自己工作的前期工程的情况，并实时对整个公司的进展及工程进行管理。

但从另一方面看，"每次都要到配置了计算机的地方去太麻烦了，能拿着边走边用就好了"这样来自作业人员的呼声也很高。尽管现场大多数人（120 人中有 95 人）使用门户网站系统，但其中约两成的工作人员在应用上不再有所进展。针对此情况，TSUBAMEX 将视线转到了由美国 Apple 公司生产的平板电脑终端 iPad 上。

▶ 利用平板电脑终端，还可以做出变更的指示

TSUBAMEX 试着将 iPad 应用于现场时，"用这个的反响不错，作业人员很愿意接受"（TSUBAMEX 荒井善之）。很快，在 2012 年 7 月，TSUBAMEX 购入了几台 iPad，并将其中的一台 iPad 带到了工厂内（图 68）。

尽管 iPad 还有些不尽如人意之处，例如无法实现个性化阅览等功能，但已经基本上能将和现有的门户网站系统相同的内容显示出来。iPad 是一种功能齐全且便于携带的终端，当加工机运转时可利用其在近处对零件信息进行确认或当作业完成后，马上将现状的实际信息进行登录。

图 68　TSUBAMEX 对 iPad 的应用

在加工现场，很多作业人员对键盘和鼠标等用户接口敬而远之。相较这些，iPad 的操作更容易被人接受。而且，计算机必须设置在距离实物（工件）几步之遥的加工机旁边的地方，如果是 iPad，就可以由作业人员拿着走到实物近旁，边查看边进行作业。

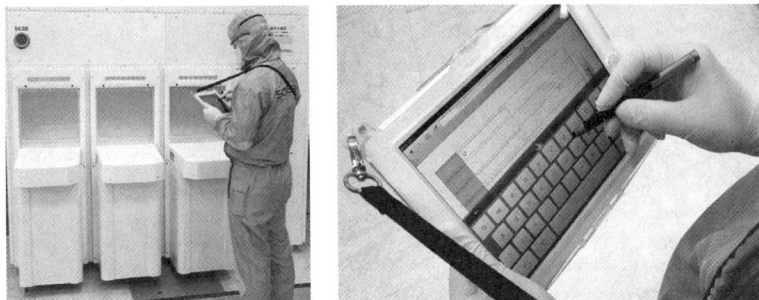

图 69　iPad 在 SCREEN Holdings 的应用实例

为了能够多品种少量生产不同顾客要求的具有微妙差别的半导体制造设备，必须频繁地对组装作业的内容做出修改调整。还要将更新后的内容迅速并准确地传达给作业人员。使用 iPad，就可显示出作业的流程和检查表。随着工程项目内容的变更，还能更易对作业场所进行相应的更改。

由于 iPad 的应用，还形成了新的应用体系。例如，在印制操作指导书的同时，还可印上 QR 代码。在现场，利用 iPad 上的照相机功能，扫入 QR 码，即可自动显示出相关的信息。方便查看相关信息的同时，还可收到将门户网站系统的信息在更广泛的范围内使用的效果。

TSUBAMEX 还打算利用 iPad 的触摸屏输入信息。例如，对指导书进行修改。如果在计算机上用键盘或鼠标输入红色的字体，要比手写麻烦得多。而如果使用 iPad 的触摸显示屏，就可以用几近手写的感觉输入信息。而且，还可以利用 iPad 的照相机功能，轻松对现场进行拍照[①]。TSUBAMEX 已经计划在就近的现场引进 iPad。

————————

① 参考门户网站信息时不一定非要在大屏幕上显示出来，对主要的作业人员（完工项目等）来说，像 iPod Touch 这样的小型便携式终端也同样方便于输入实际信息等功能。

▶ 即时对更改意见做出反应

即使在 SCREEN Holdings 的彦根事业所，也开始将操作流程指导书和检查表电子数据化成可用 iPad 显示的格式。并于 2012 年春季引进了 100 台 iPad（图 69）。"制造作业的本质并未改变，却节省了复印和下发书面文件等工作。而且，在现场可时常参考到准确的最新信息。"SCREEN Holdings 半导体机器公司制造部部长山口康成说。

该事业所中正在制造各种各样的半导体制造设备（洗净设备）。洗净设备由 3 万—5 万个零件构成，根据顾客的要求也都不尽相同。不仅需要生产这些品种多、数量少的制品，近年来对提高生产性的要求也变得越来越严格。

随着作为客户的半导体制造商的整合，接到的订单也变得集中起来，生产量的变动同样很大。2011 年，生产台数最少和生产台数最多的两个月份在数量上相差了三倍左右。对前期要求的差距也在 200% 左右。

为了尽快应对这种变种变量生产的情况，该公司采取了被称作"快捷生产"的体制。快捷生产从根本上来说就是 4M（人员、设备、方法、材料）的可视化。方法之一就是将 iPad 作为辅助制造的可视化工具。

在生产现场，一直都需要下发数量庞大的书面文件和图纸。一个制造项目编码下的图纸和检查表等书面文件加在一起甚至有 1000 多张。因为所使用的纸张是专用的无尘纸，在成本上的花费很大，更重要的是难以对其进行修改。"不用说现场数据每天都在变化，甚至有时候早上才决定的地方到晚上就需要更改。"（山口康成）使用纸张时，虽然可对需要变更的部分进行手写，但是"渐渐地就搞不明白到底哪个才是对的了"（山口康成）。

▶ 随着显示设备和图像识别技术的进步，访问信息变得越来越方便

　　作业人员和系统间进行信息交换的技术越来越进步。可是尽管平板电脑终端实现了显示器的可移动性，却还是需要用手拿着。当两只手都被占用进行作业时，就需要将 iPad 要么挂在脖子上，要么临时设置在现场。

　　HMD（Head Mount Desplay）是解决上述问题的方法之一。NEC 也推出了"Tele Scouter"这种可在现场发出作业指示的系统。因为采用了将计算机的图像重叠显示在作业视野中的原理，所以不需要大范围地转移视线。

　　而且，今后看画面的方式也在进步。其中一项技术就是可同时将现场实物和画面显示出来的 AR（扩张现实感）技术。

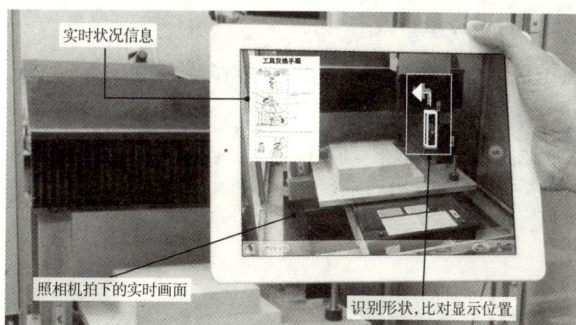

图 70　应用了 AR 技术的辅助作业

　　使用平板电脑终端的照相机功能，获取现场实物的实时图像，再在图像上重叠显示出作业顺序等信息。从画面判断出作业的执行状态，并可对内容等做出更改，根据现场的状况即时显示出指示信息。

Toyota Caelum（总公司在日本名古屋市）开发了将 AR 技术拓展到制造业领域的 "TCI AR 解决方案"（暂定名，如图 70 所示）。计划在 2013 年 3 月之前将其事业化。

用照相机拍下现场实物的照片，确认其位置等信息后，再和计算机的图像重叠显示出来。例如，当识别设备的图像后，在进行操作的场所就会显示出其操作方法。正如前面介绍的 TSUBAMEX 的流程顺序指导书上的 QR 码一样，还可用于检索需要的信息。

为避免出现这种情况，首先采取了将操作流程指导书和检查表电子数据化的措施。选择 iPad 作为终端的理由之一就是只要在 iPad 上进行简单的操作，即可看大的画面，又方便携带，必要时随时可用，不必再选择场所。随着技术的发展，信息传送时出现的时间延迟现象也有望大幅度减少。

检查表输入的电子化更有利于对检查结果实施管理。以往都是将手写过的检查表扫描后再做电子数据化的处理，但要想将每个项目的检查内容都做电子化处理是不现实的，这样就难以将所有内容都充分加以利用 [1]。

在 SCREEN Holdings 中，有的工作人员将 iPad 挂在脖子上，从而解放出双手。现场还配备了 iPad 的支架，可由工作人员根据自身情况进行选择。

---

[1] 今后，计划将相同的系统推广到合作企业，并由设计部门直接制作出流程指导书。

▶ 利用音声系统发出指令，解放作业人员的双手

解放作业人员的双手非常重要。图像如果不是三维模型或画面等就无法传达信息时，作业人员必须花费功夫学习使用显示器的方法。但有的信息即使没有图像，也一样可以传达。这时，就可以利用音声系统，对信息进行有效的传达。

引进该音声系统的是通用造船（总公司在日本川崎市）的津事业所①。"造船所处理的物件都很大，作业环境也很严酷，如果能够将作业人员的双手解放出来，会对作业十分有利。"该公司系统开发部津系统组经营职员长野元睦说。具体应用在配管工厂的集配材作业上（图71）。

在配管工厂中，需要制造出船上组装的数量庞大的管材，并配送到组装现场。将管材弯曲或切断后，组装成某种程度的单位构造，焊接后委托合作企业实施表面处理等工艺。完成表面处理后返厂的管材被起重机分配到各块区域（以分割后的船体为组装单位），即所说的集配材作业。

按照管材上打印的管理编号，利用起重机将各管材分配到相应的集运架上。该公司一直都是使用 PDA（便携式信息终端）作为该作业的辅助工具。可是，因为智能手机等产品的兴起，所使用的 PDA 机型渐渐不再生产。因为还有一些 PDA 的囤货，所以几年来虽未对工作产生不良影响，但也必须寻找其他的代替方法。

---

① 通用造船于 2012 年 10 月 1 日与 IHI MU 合并经营，更名为 JMU。

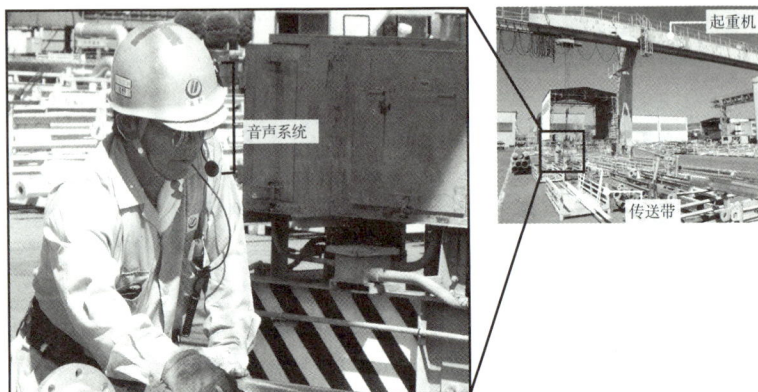

图 71　配管工厂内的集配材作业

　　将购入的已委托合作工厂做过表面处理的管材分配到造船所内的各处所。作业人员一读取管材上标注的信息（数字），就会从音声系统发出指令，告知作业人员应搬送到哪个集运架上。作业人员边听边按照指令操作起重机，将管材移动到相应集运架上。

　　而且，PDA 在使用上也面临着潜在的问题。操作 PDA 时作业人员必须摘掉手套，在开始起重机的移动作业前又必须戴上手套。这对于作业人员来说很麻烦。并且，在室外作业时，还存在逆光时难以看到、文字小看不清、下雨等恶劣天气时因为机器被淋湿发生故障等种种问题。

　　选取可用来代替 PDA 的工具时，当然首先考虑到了智能手机。但因为"看不出 Android 和 iPhone 到底谁将成为主流，还需要开发应用并不断进行 OS 版本更新"，所以一直迟迟未定。

　　在某次研讨会上，了解到有一种可辅助现场作业的音声系统。该公司引进了美国 Vocollect 公司的系统，这种系统在配送中心等物流业界已经取得了实际的业绩。

　　很快，在对现场作业人员听取意见时，收到了"这个不错，可以用于现场"的不错反响。之后，在解决了种种问题（是否能适应下雨和噪音等严酷的环境，其中是否能确保清晰的音声识别率、安装设备的场合及耐久性是否有问题等用于业务上的问题）后，决定采用并应用于集配材的作业系统。不到两个星期就正常运营，彻底淘汰了 PDA。

▶ 作业时不会干扰视线

在集配材作业中,各管的钢管喷漆管理编号用数字标注,作业人员将该数字读出,就可从音声系统发出"哪条船、哪个区域、用于哪个步骤的管材"等配送材料目的地的信息指令(图72)。这个音声系统不仅向作业人员传达作业的内容,还可识别作业人员的声音,双方之间进行信息的相互传递。即当识别作业人员的声音并显示正确时,才可能进行操作。

音声识别又被称作"特定说话人的方式",先将作业人员的声音进行登录。业务中使用的语言被限制在某个范围内,从实际说出的关键词中,"每人在一小时左右的说话时间内,获得几

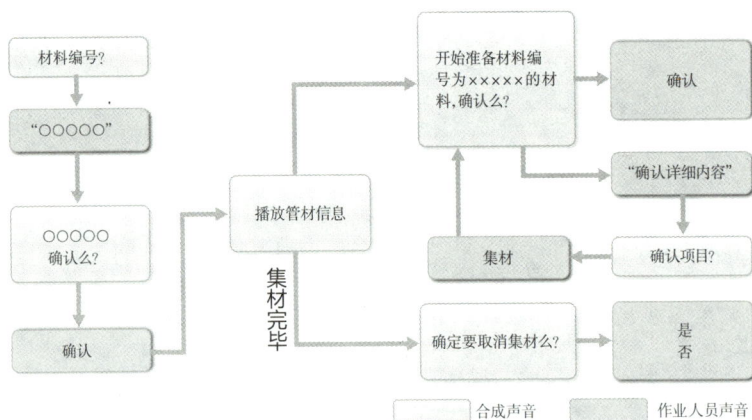

图72 音声系统的处理跟踪方式

系统和作业人员间通过声音交换信息。作业人员先念出管材上标注的材料编号,系统即播出移动目的地的集运架信息(所在船只、场地和工程的英文字母)。如果遇到没听清系统播放内容等情况,还可让系统重新反复播放。

十个关键词后完成登录"（长野元睦）[①]。

应用音声系统的优点不只是解放了作业人员的双手。作业过程中因为不必查看画面，也就不必"站住"或"转移视线"。而且，因为需要发出声音，作业人员自身还可对作业内容进行确认。因为这些优点，也提高了安全性、正确性和生产性。实际上，在集配材作业中，作业效率提高了约 15%[②]。

---

① 但是，由于"B""P""T""C"这几个阿拉伯字母的识别率很低，因为"T"的发音容易和"D"的发音相混淆，所以需要对"T"的发音加以区分并发得特别清楚。

② 通用造船计划会在今后将音声系统应用于钢板展开作业中。钢板展开作业指将卸下的钢板按照使用顺序叠放在一起并做好记录的作业。现在仍是在现场记录到纸面上，然后再输入到数据库。

Factory 2014 开幕，互联网和大数据改变工厂

2014 年 3 月 5 日，东京都内举办的与工厂相关的大会 "Factory 2014"上，关于下一代使用互联网的工厂技术体系的讲演，吸引了超过 400 名听众（图 73）。工厂导入所有机器（物件）通过互联网相连的"物联网"（Internet of Things）技术，从而对于高度复杂的工作也能让设备本身能自律地执行，或给予操作负责人更进一步的帮助。当问到听众的感想时，还有人说在没有熟练技术人员的情况下也能应对，这一点也很重要。

图 73 "Factory 2014"会场
2014 年 3 月 5 日，在东京目黑雅叙园召开。聚集了 400 多名听众。

▶ 需要的信息给需要的人

首先，美国 GE Interlligent Platforms 公司的全球市场部部长 Bernard Cubizollers 先生就美国通用电气（General Electric）公司倡导的"工业互联网"进行了讲演。他们提出工业互联网的初衷是基于装有传感器的机器（智能化机器）的增加，为分析并解析这些机器传送出来的大量数据，尽早地把握这些数据所代表的信息。将这些信息在合适的时间传递给需要的人，便能使业务更加有效，同时还能节省成本。

已经有很多机器可以连接互联网并获取数据。并且，利用移动终端可以向在任何地点的人提供信息。但是，仅有这些数据是起不了作用的。要从大量的数据中选出真的有用的数据，在这个意义上将这些数据抽出来，再将这些信息交给需要的人，这就是工业互联网的考虑方法（图 74）。

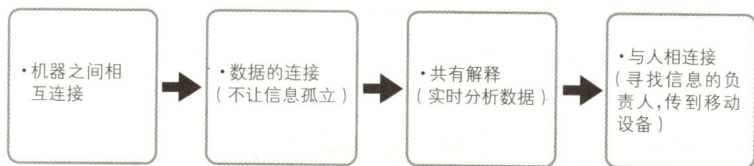

| ·机器之间相互连接 | → | ·数据的连接（不让信息孤立） | → | ·共有解释（实时分析数据） | → | ·与人相连接（寻找信息的负责人，传到移动设备） |

图 74 "Industrial Internet"相关的数字活用的发展过程

机器之间相互连接是其基础，但并不只是这些，数据的分析和人的关联是最重要的。

　　如果能实现工业互联网，例如工厂设备出现了什么状况的时候，如果做好了几个应对方案，设备就能告知附近的人。而且，由于能随时出示与之相关的最新版的操作手册，可以避免因为参考了旧版操作手册而导致的错误。

▶ 机器之间可以自律合作

接下来，德国的西门子（Siemens）公司工业自动化事业部副部长 Dieter Wegener 先生关于德国"产业官方学术界一体"推进的"工业 4.0（Industrie 4.0）"[①] 项目发表了讲演。该项目描述了 2030 年前后的工厂，在产品开发、生产、服务现场里的机器通过互联网取得交流，根据最新的状况决定计划，然后移交实施。工厂的生产线实现的目标是：工件和生产设备根据实时交替的信息和指令，采用最优化的方案实施加工程序。

与事先准备好详细的计划然后按部就班地运行的方法相比，工业 4.0 的控制 / 管理系统是可以随机应变的，它一边侦察最新的状况一边修改计划，然后操作工厂的设备。用户只要给一个大概的指令，细节的事情通过控制 / 管理系统自动地与机器交换信息后来决定，这种运行方式也是可能的。

例如，美国等国的饮料生产厂家可以提供根据消费者的订单，在生日宴会上贴上印有照片的标签的这种服务。工业 4.0 就

① 工业 4.0（Industrie 4.0）在人类史上具有第四次工业革命的意义。第一次是 18—19 世纪因为利用水力和蒸汽的机械化革命，第二次是 19 世纪后半期的电力的应用，第三次指的是 20 世纪后半期运用计算机控制的自动化。"Industrie"是德语，相当于 Industry。工业 4.0（Industrie 4.0）的工作组中包括 ABB 公司、BASF 公司、BMW 公司、Bosch 公司、Daimler 公司、Infineon Technologies 公司、SAP 公司、Siemens 公司、Thyssen Krupp 公司、TRUMPF 公司等著名的企业和研究机构、大学等，还有从政府机构邀请的观察员。

过去、现在	今后	2030年
・需要预先制作好生产计划 ・需要根据目的准备好系统 ・与计划的偏差被看作是错误	・虚拟世界和现实世界将融合 ・统一产品设计和生产工程	・不必做细小的计划 ・系统和机器能自律地组装（Self-Organization） ・直接连接互联网市场（客户）

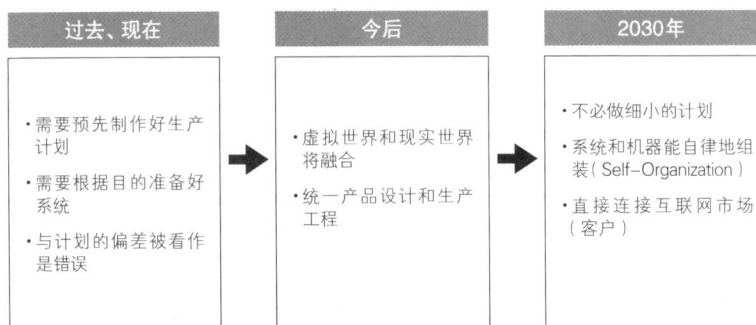

图 75　Industrie 4.0 的路线图
关注 2030 年前后，一定是非常远大的工程

能让这种服务更加方便实施。消费者只要通过在互联网选送照片，然后，系统和机器就可以设定好程序，印刷标签并贴在瓶子上，实施这一系列工序（图 75）。

▶ 设计数据

　　为了实现这个目标，工业 4.0 在系统内部构筑一个假设的模型，可以同步控制现实中的工厂及其信息。并且，这个模型和产品设计数据也相互关联。将工厂的生产、产品设计、生产准备、生产、运用等一连串的程序信息都装入模型里，用于判断。"让软件和硬件合作，以及让设计和制造合作，无论是哪一方都拥有核心技术"，Wegener 先生说。

　　实现新世纪工厂的关键在于高效地收集完整的数据，工业互联网和工业 4.0 都是基于这个考虑。现实中面临的课题是，互联网错误和网络异常的安全保障问题，以及不同规格的机器之间的相互连接的问题等。然而，从可以尽早地制造好产品、减少在工厂工作人员的危险、从过于繁重的劳动中解放人力等意义上来说，在很多发达国家都有可能普及该项技术。

极致的无人化生产线倾向，进一步加速工厂的自动化

乍一看，日本国内的工厂里没有人了。可是，检查和保修设备，安排工作等还是需要人手和人的头脑的。为了进一步减轻这种给人的负担，便有了"IoT"和"M2M"，也就是网络的大数据运用。在这里我们来看看从日本国内工厂开始的，导入数据的运用案例。

连接各种机器的"物联网（Internet of Things）"，或称为"M2M"（Machine to Machine），日本的工厂已经从这里开始改变。

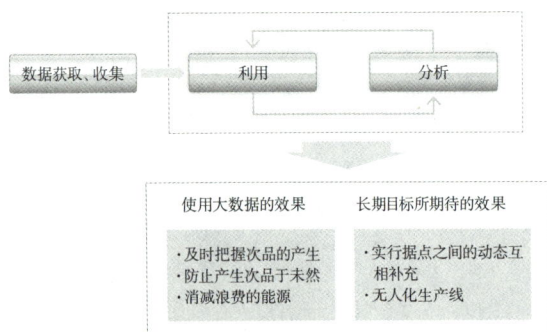

图76 实现高度活用数据的工厂

获取并分析到现在为止还没有利用的数据，仔细排除次品及浪费。并且，让自动控制在次品和浪费发生之前得以避免也成为可能。

　　在获取并分析从安装在设备上的许多传感器传出的大量数据，就能够实现先进的自动化的同时，彻底的削减生产活动的浪费也成为可能。也就是说，日本国内工厂正在增加大数据运用，他们正在进行着毫不逊色于美国的"Industrial Internet"及德国的"Industry 4.0"的工作（图76）。

▶ 排除因异常产生的浪费

正式运用大数据后所得到的好处首先是削减了浪费。到目前为止，为了减少次品的发生，大家下了各种各样的功夫，但是由于无法将突发异常的可能性控制在零，所以由此异常产生次品的可能性也就不能降低为零。然而，通过实时监控数据，就能在出现次品的那一瞬间检测出来，即使无法阻止生产出一个次品，却还是能防止继续生产第二个、第三个次品。

先进的工厂有更进一步的见解。"不是在发生次品后讲对策，而是要防止异常发生于未然。"丘比的执行董事、伊丹工厂时任厂长久雄先生说。他的想法是，通过数据来捕捉异常发生的征兆，在异常现象明朗化前采取措施。但前提是，需要日常收集和分析大量的详细的数据。

节能工作进展得很细致的工厂也在同一方向上推进。他们逐渐完善在所用电力超过上限前，将电力自动控制在不要超过这个数的工作。

▶ 让工厂自律地运行

分析、活用大数据的进一步前景便是极致的无人化。已经有不少日本国内的工厂在厂内已经没有操作生产设备的人员了。但监视机器的运行状况，需定期检查有无异常，也就是说担负工厂神经系统的负责人还在。临机应变地应对状况，还是需要人的判断的。

IoT 和 M2M，有可能取代工厂神经系统。不是随时间的流逝观察单一数据的变化，而是让同时分析多个数据变得很容易。根据这个分析结果，作为定量的规律来判断到目前为止根据单一数据无法判断的异常征兆，这种可能性是有的。这样的话，检测并处理异常，在某种程度上就能自动进行。

在收集很多数据的基础上，对于无法自动处理对应的情况，也可以通报生产线和设备的具体负责人。即使是工厂的负责人不清楚的状况，还可以让对设备和生产工序更加熟悉的专家负责人根据详细的数据，在远处掌握一定程度的情况。

也就是成为即使没有人站在厂内也可以自主运行的工厂。工厂的厂房、生产设备、相当于神经系统的运用／分析数据系统，更容易成为一个整体。换句话说，"工厂整体可以被打包"，东京大学研究生院制造业经营研究中心特派研究员吉川良三先生说。这样的话，向海外的扩展也就变得简单，"原封不动地提供给海外的工厂并获取回报"（他说）也是有可能的。

▶ 丘比伊丹工厂通过数据捕捉次品产生的预兆

在丘比伊丹工厂，蛋黄酱由鸡蛋等原料制成，然后灌入容器进行包装，这是一个需大量人力的工厂。蛋黄酱的生产方法是以前就确定了的，但还是一直在努力改进。其中之一是获取并分析新的数据，自动诊断厂内的状况。

该工厂在每个蛋黄酱生产线上新引进一台用于采集数据的PLC（可编程逻辑控制器）[①]。从安装在生产线上的传感器中获得数据，并由这个PLC统合。将收集到的数据再传送到上级计算机（服务器）中，在那里详细分析并自动诊断生产线的状况。

PLC在接收到数据的时候开始，当能够明确地判断有异常发生时，立即发出警报并终止机器运转，以防止次品的发生（图77）。

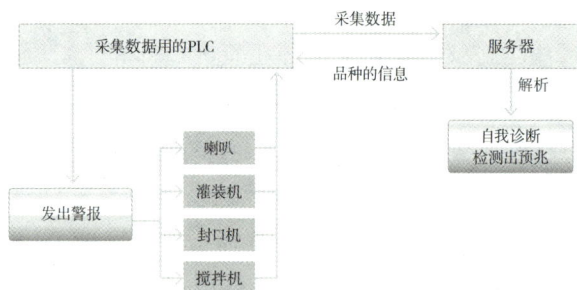

图77　在丘比伊丹工厂的数据活用

生产设备上安装传感器，数据通过PLC统合并运营管理，同时通过向服务器传送的各种数据判断出产生影响的现象。

---

① 引用欧姆龙生产的PLC。

▶ 设备自身检测出异常

至今为止，都是现场的负责人通过点检来判断设备的运行情况。例如，使用手提式 Tachometer（转速表）测量设备的运行速度，使用振动表检查振动情况，再通过检查结果人工地判断是否有异常。

该公司的蛋黄酱生产线，尤其是装瓶生产线基本上是无人的，没有配置直接操作机器的人员。但是，检查设备和判断异常是其负责人的工作。负责人每隔几个小时检查事先定好的设备，如果没有发现异常，就可以判断为生产出来的产品保证没有问题（来自工序的质量保证）。然而，当发现异常时，就要一直追溯到上次检查，这之间生产的产品要全部再次检查。

新导入的这个方案是，在工作人员判断有异常前，设备自身就能够做

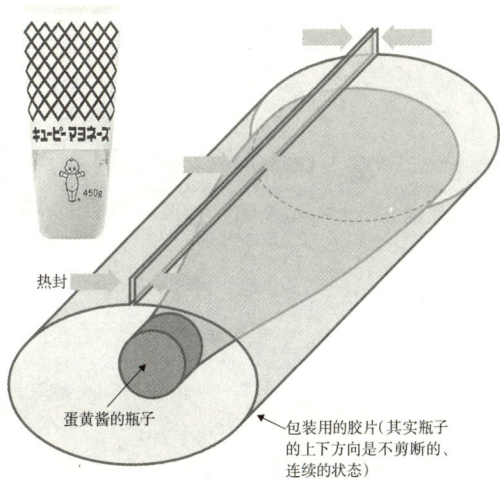

热封

蛋黄酱的瓶子

包装用的胶片（其实瓶子的上下方向是不剪断的、连续的状态）

图 78　胶片的热封工序

其设备温度太高或温度太低都会产生次品。到目前为止，当温度超过一定范围时才被判断为异常，从现在开始的目标是，捕捉超出标准温度范围前的征兆。

出判断。例如，有一个热封包装工序用于在填充好蛋黄酱的容器外面包裹一层膜（图78），收集该工序使用的设备（包装机）在每加工一个产品时，用于热封的胶片加热的部分的温度、压力、热封所需时间等数据。如果这些数据在正常范围内，则判断为不会出现热封失败。也就是说，"每生产一个产品时都会检测设备的状态"，丘比生产总部生产技术部组长伊东正彦先生说。

▶ **通过分析数据掌握征兆**

然而，如果只是实时监控数据，就只能在次品发生后探知。丘比的原本目标是在次品发生前探知。就前面所述包装机的情况来说，温度、压力及热封所需时间在超出正常范围前，其他的某些数据将有可能表现出一些征兆。如果只是观察一个数据的变化是发现不了那种征兆的，也许需要对比多个数据的变化才能发现。希望能通过对积累的数据进行详细分析来破解这些征兆。

通过 PLC 收集什么新的数据，是通过分析作为故障的要因有什么来决定的。例如，包装机的温度异常，大致可以分为温度调节部件发生故障的情况或者温度传感器发生故障的情况。温度调节部件的故障又分为：控制处理器的故障、继电器的故障、连接器的故障、加热器的故障等。再进一步，发生这些故障的原因可以列举出来的还有部件的老化和接线错误等。所以要将这些因素相关的数据收集到一起。比如到目前为止，虽然对湿度结果进行了监控，但没有找到发现其原因的方法。"今后要做的就是将看起来有可能是设备发生故障的原因的数据累积起来，分析与结果的关系。"丘比公司的伊东先生说。

▶ 通过无人生产线追求最高效率

这些分析的结果，如果能清楚地作为异常征兆很明显的样式的话，将这些录入 PLC，便能进行实时地判断。在次品发生前，PLC 就判断出征兆且预测未来，还能够自动执行对策。也有可能根据需要启动 Email 系统，向负责人自动地发送警报信。

上述的操作，在发现和应对日常的设备检查业务及频度较多的异常时，可以在无人的情况下完成。如果机器设置、向生产线供给资材等也能无人化的话，工厂在稳定的状况下是可以实行无人运行的。通过这些使得生产效率最大化是该公司的最终目的（图 79）。

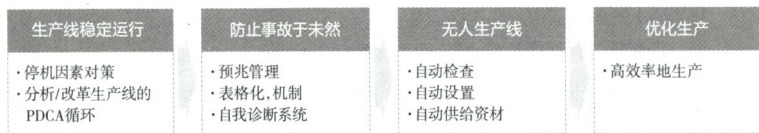

生产线稳定运行	防止事故于未然	无人生产线	优化生产
·停机因素对策 ·分析/改革生产线的 　PDCA循环	·预兆管理 ·表格化, 机制 ·自我诊断系统	·自动检查 ·自动设置 ·自动供给资材	·高效率地生产

图 79　活用数据目标使生产效率实现最大化

最初所期待的是生产线的稳定运行，下一个目标是早期发现问题预兆以在问题发生前抑制住。最终，全自动地发现和对应征兆从而使得工厂无人化，以使生产效率最大化。

"松下电器机电设备 SUNX 龙野工厂"防止电路消费超过峰值于未然

松下电器机电设备 SUNX 龙野工厂（总公司在日本兵库县泷之市）按照总公司工厂内的每个设备统计，大约设置了 650 台的电表，通过这样使电力透明化的措施，推动了节能活动

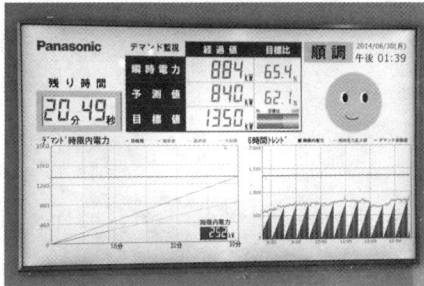

图80　松下电器机电设备 SUNX 龙
野工厂的电力控制板

　　每30分钟监视 / 控制使用的电量不
超过目标上限值（1350kW），也就是说，
控制在电费的基本费用内。

图81　线上的每台设备都
安装有一个电量表

　　设备右上部的代码是条码
天线，测量的结果通过无线发
送出去。

　　的发展。二氧化碳（CO_2）的排放量，在刚开始实施减排时
的 2005 年为 6590 吨，到了 2013 年削减到 2473 吨，减少了
62%。同时电力的成本也在下降，从 2011 年 4 月到 2013 年 11
月的两年半间，每个月的电费下降了 70 万日元（图80）。

　　2014 年 CO_2 的排放量计划进一步下调至 2397 吨，实现这一
目标的方法之一就是在实时把控耗电量（按需监控）的基础上
自动调控。"2011 年东日本大地震后，通过耗电量的可视化来削
减浪费还不够，重点开展了电力移峰、电源使用的生产线机组
优化等活动。"该公司说。

▶ 通过每个设备上的电表采集数据

该公司是制造支援节能时使用的监视电力的机器、PLC、可编程的显示设备的企业。自己的总公司工厂作为"耗电量看得见"及节能的示范工厂，为其客户企业进行提案。

该方案的出发点是，详细收取每台设备的电力消耗量的数据。使用具有无限通信功能的电表，可以避免复杂的接线工程（图81）。这些电表还有将来自温度和湿度（温湿度）、光照度的传感器数据一同传送的功能。

夜间忘记关开关，休息日还向设备通电等，每台设备的电力浪费是最初观察的重点。此外，例如，在基板生产线上的回流焊炉上加盖隔热板抑制热量释放，既减少了设备的电力消耗，同时也减轻了空调的负荷。而且，

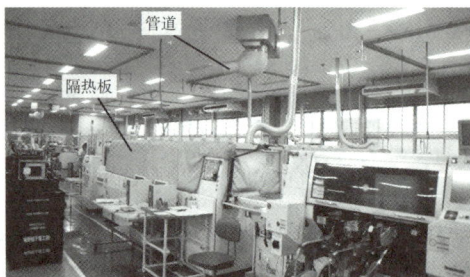

图 82　为提高空调效果所采取的对策
加盖隔热板让中央的设备（回流焊炉设备）中的热量不易散出，在它的上方加上助压风扇（从球面伸出圆筒管道）使得室内空气循环，消除温度的浪费。

该生产线的空调安装在房间的一角，回流焊炉所在的房间中央温度会高些。因此，在回流焊炉的上空增设助压风扇，使得室内空气流通，提高了空调的效果（图82）。

▶ 将耗电自动控制在上限之下

　　最近，随着节能的进一步推进，引进了根据电力和温度的状况自动调控设备的方案。使用了一种被称作"按需调控器"的控制机器。例如，当工厂的电量使用增加到快要接近上限时，温度在允许的范围内，几台空调交替地临时关闭，执行防止电力增加的控制。

　　按需调控器中，车间里设置的电表和温湿度传感器通过无线通信传送数据。这些数据的状况达到一定条件的时候，按需调控器就能够做出关闭一部分空调机等一系列对机器发出的节省电力的指令。按需调控器并不是安装在办公室里，而是直接安装在车间里（图83）。

　　指令的内容，例如三台空调机之中一台关闭，过一段时间后切换需要关闭的空调。因为不需要设定程序，通过很简单的操作就能够输入指令内容，所以车间的负责人就可以自行

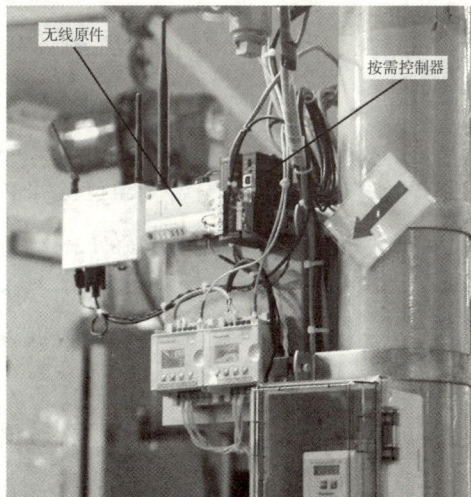

无线原件

按需控制器

图83　自动调整电力的按需控制器
柱子中间的盒子（箭头的左侧）是按需控制器。当电力使用量增大时，几台空调机轮换关闭，节省电力。

设置。例如，进行模具加工的机械室已通过空调把温度保持在24±2℃，电力紧张的时候在不超出这个范围的前提下，关掉一台空调。

如上所述的控制是为了达到能够抑制电力峰值，缩减电费的目的。工程用电等电力大用户的用电合同中，根据用电量来决定基本电费。该用电量是指每30分钟所消耗的电量。所消耗的电量超过合同电量的话，一年之后的基本电费就会上升，电费收费系统是这样的。因此，间隔30分钟去监视电量不要超过基本费用，如果快要超过了，在那个30分钟结束前，临时中断空调，便可以抑制基本电费上升。

东日本大地震后的2011年4月，那时合同电量是1800kW，2012年11月降到了1350kW。由此，1个月的电费削减了大约70万日元。

这样自动控制的用途不仅在于节能，也可以根据生产状况控制设备。

"爱思帝公司"以分钟为单位掌握工厂的生产业绩

生产汽车零件的厂商爱思帝公司启动了焦点为现场采集数据的、云基础的新型生产管理系统"RE-IS"。另外，还构筑汇总了质量数据及设备保修相关的数据等，这些与生产技术相关联的数据，还可用于现场参照的"EXPRESS"系统。无论哪一个，其基本出发点都是以现场采集数据为前提，灵活运营到经营和业务中。

该公司的主力产品是用于自动变速机的扭矩变换器（图84）。至此为止，为了顺应汽车厂商和变速机厂商向海外延伸的潮流，他们已在海外23个国家设立了41家关联公司，海外

前盖板　减震器　涡轮　定子　叶轮

图84　爱思帝公司的主力产品扭矩变换器的主要零件的结构
金属板通过模具冲压成型的零件较多。

的据点已经备齐了。在这些工作有了着落的今天，权衡作为客户的变速机生产厂商的生产据点、产品品种，或外汇汇率及采购的零件成本等外在因素，选择最合适的生产据点是很重要的。为此，有必要高精准地实时地掌握各个据点的信息，更新采集和运用数据的机制。

▶ 从纸质记录到自动录入

过去，记录生产业绩等数据时，首先是写在纸上然后录入，后来通过手持终端读取 QR 码的 RE-IS 直接录入方法取代了它。在减少库存数据和实际库存间的出入，提高数据的质量的同时，减少了现场的工作负担，是减轻工作压力的手段。

RE-IS 直接的目的、效果，大致可以分为两个（图 85）。一个是提高可追溯性水平。当出现什么故障的时候，能推断出问题产品的工序和原材料，过去一般需要 3 — 4 天的时间，现在只需要 1 小时左右就够了。而且，指认的单位也从过去的一

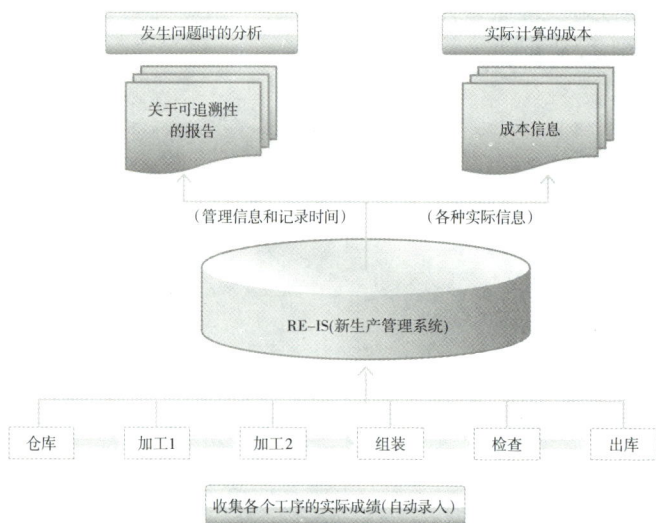

图 85　以数据汇总到生产管理系统中为目的

现场的信息录入尽量自动化，数据能自动统合。确保可追溯性，用于掌握成本价格。

个托盘细化到一个盒子。发生次品时必须废弃或需要再次检查的产品数量也减少了。

另一个则是削减制作成本。在能够高精准地获得实际业绩数据的前提下，改变了成本的计算体系。通常，由于不能获取细微的实际业绩数据，产品很难细分，只能统一分配成本后在财务账目上算出成本价。如今这些发生了改变，可以算出更加接近实际价格的成本价了。

库存信息的精确度也有提升，可以获得与实际的库存误差只有 0.8% 的高精度信息。因此，可以进一步做出"某工厂的库存还可以进一步削减"这样的判断，库存金额 2011 年 3 月有 72 亿日元，到 2014 年 3 月减少到 52 亿日元。

该 RE-IS 是从总公司工厂（大阪府寝屋川市）开始引进的。现在，正在全世界的各个据点推进"Global RE-IS"的构建，2015 年年初在印度、2016 年年初在中国、2016 年年初—2017 年年初在北美的据点均能使用。如果这个计划能完成，"例如，在世界各个据点之间比较成本，可以做出在哪里生产更廉价的判断。"爱思帝公司管理总部副部长兼情报系统部长鹿崎良裕先生[1] 说。

---

[1] 与 NEC 合作构筑 RE-IS 等。

▶ 随时掌握工厂的业绩

一方面，生产技术的 EXPRESS 系统是集中管理质量相关的信息及可以供各个据点参考的系统[①]。具有实时显示工厂状况的功能。现场的负责人"想看看设备的维修记录""想调查现在操作人员的技能水平"等，为了当需要参照时随机应变地进行观察，该系统采用了在不需要编程的情况下就能简单地变换显示的内容和设计的工具[②]。"可以考虑使用各种各样的方法，但首先显示的是每个工厂的生产业绩。"爱思帝公司执行董事生产技术

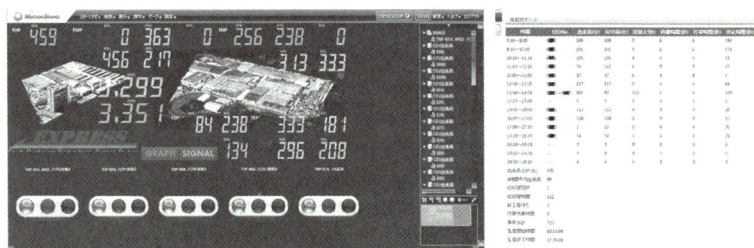

图 86　实时掌握业绩的画面

尝试在现场实时地把握工厂全貌。最初只是以业绩报道为中心，今后的目标是从不同的角度显示各种各样的数据。

---

① 作为 EXPRESS 自身的数据库，它有"QC 工程表、检查表""模具使用履历管理数据"。前者指为了将最新的 QC 工程表与现场共享储存在云里，将检查质量的结果通过平板电脑直接输入云里。后者是以明确模具的资产价值、反映成本为目的，管理模具的使用业绩和维修记录。

② 正在使用 Web 基础的"MotionBoard"，"WingArc Technologies 公司（总公司在东京）"。

总部小岛义弘先生说。像图 86 那样，可以显示某个设备每小时的业绩。

这种面向现场的系统最重要的是"现场想要查看的数据并不是固定的，而是常常变化"，小岛说。普通的信息系统要求确定的需求，也就是说经过选定适合数据的用途的最佳数据和程序的结构之后建立一个系统。然而，在生产现场，常需要意想不到的数据的使用方法和不同的解读数据角度。

在此，该公司决定放弃更精致地整理储存数据的结构，关注在数据发生的时候将与之有可能相关的数据单纯地组合在一起的 Flow Oriented Approach（FOA）①。当数据发生的时候，它的使用方法或解读角度是不确定的，根据需要，这个数据的负责人或相关部门方便且随机应变地决定。FOA 是指这种系统构建方法。现场的负责人想将这个数据和那个数据结合起来看看，当他有这个想法的时候，可以立即向系统发出这样的指示。

详细地预测故障的原因，并据此采集数据自动处理故障因素是很重要的。另一方面，无法事先预测的事情，需要人工读取数据的事情也是有的。今后，工厂的数据活用考虑向这两个方向推进。

---

① 原普利司通公司常务董事奥雅春先生提倡的系统构建方法。奥先生现在出任总经理职务的 Smart-FOA 公司（总公司在东京）正在销售支持 FOA 的系统构建工具。

东方出版社助力中国制造业升级

定价：28.00 元

定价：32.00 元

定价：32.00 元

定价：32.00 元

定价：32.00 元

定价：32.00 元

定价：30.00 元

定价：30.00 元

定价：32.00 元

定价：28.00 元

定价：28.00 元

定价：36.00 元

定价：30.00 元

定价：32.00 元

定价：32.00 元

定价：32.00 元

定价：38.00 元

定价：26.00 元

定价：36.00 元

定价：22.00 元

定价: 32.00 元

定价: 36.00 元

定价: 36.00 元

定价: 36.00 元

定价: 38.00 元

定价: 28.00 元

定价: 38.00 元

定价: 36.00 元

定价: 38.00 元

定价: 36.00 元

定价：36.00 元

定价：46.00 元

定价：38.00 元

定价：42.00 元

定价：49.80 元

定价：38.00 元

定价：38.00 元